Michael Albus

GESINE SCHWAN

Ich bin ein leidenschaftlicher Mensch

Michael Albus

GESINE SCHWAN

Ich bin ein leidenschaftlicher Mensch

Vom Mut, Grenzen zu überschreiten

 claudius

MIX
Papier aus verantwor-
tungsvollen Quellen
FSC® C014496
FSC
www.fsc.org

Climate Partner °
klimaneutral
Druck | ID 53248-1509-1004

Copyright © Claudius Verlag, München 2015
Birkerstraße 22, 80636 München
www.claudius.de
Alle Rechte vorbehalten. Das Werk darf – auch teilweise –
nur mit Genehmigung des Verlages wiedergegeben werden.

Lektorat: Das Verlagsbüro, Andernach
Umschlaggestaltung und Layout: Mario Moths, Marl
Umschlagfoto: © Christian Plambeck
Druck: GGP Media GmbH, Pößneck

ISBN 978-3-532-62477-7

Inhalt

Leidenschaftlich Grenzen überschreiten

Was soll Leidenschaft in einer Zeit, in der Effizienz und wirtschaftlicher Erfolg, kühle Berechnung und Marktkonformität öffentlich ganz obenan stehen – von der Demokratie bis zum individuellen Lebensentwurf? In der Gefühle möglichst versteckt werden und „Unaufgeregtheit" als Zeichen von beruhigend ungerührter Machtausübung Bewunderung auslöst? In der cool zu sein über die Pubertät hinaus als attraktives Leitbild gilt, weil man keine Schwäche zeigt und die eigene Unabhängigkeit von der „Welt" demonstriert?

Ist Leidenschaft nicht hoffnungslos dysfunktional und altmodisch? Macht man sich nicht lächerlich, wenn man sich über mangelnde Fairness und Ungerechtigkeit empört und verantwortungslos herbeigeführtes Leid skandalisiert? Darf man sich als erwachsener Mensch so angehen lassen, mitleiden und angreifbar machen?

Ich meine, dass wir das sogar müssen, wenn wir unsere Menschlichkeit bewahren, wenn wir nicht zu sterilen Robotern werden wollen, für die Freiheit, Schmerz, Liebe, Freude und Lachen Fremdwörter sind; wenn wir Hannah Arendts *Vita activa* aufnehmen und als politische, kommunikative Bürger miteinander handeln, kurz: wenn wir ein sinnvolles Leben führen wollen.

Dieses Leben kann eben nicht frei sein von (Mit)Leid, und unterscheidet sich gerade dadurch von der Verzweiflung der

Depression, der bei uns heute am meisten verbreiteten Volkskrankheit, deren Wurzeln nicht zuletzt in Vereinsamung und emotionaler Abschottung liegen.

Leidenschaften waren in der griechischen Philosophie gefährlich, aber notwendig. Gefährlich sind sie, wenn sie wie zügellose Pferde alles überrennen. Unsere Vernunft, die anders als der rein analytische, die Dinge in ihre Einzelteile zerlegende Verstand unsere Erkenntnis umfassend leitet, muss auch unsere Leidenschaften zügeln. Daran kann kein Zweifel sein. Sonst geraten wir einfach in Wut oder Ärger aneinander und werden dem anderen nicht gerecht.

Aber ohne Pferde fährt der Wagen nicht. Leidenschaften treiben uns an, unsere vernünftig erkannten Ziele auch anzustreben. Sie bringen uns in Bewegung, bewahren uns vor innerer oder äußerer Trägheit. Das kann manchmal anstrengend werden, für uns selbst und für unsere Umgebung. Ein bisschen Takt und ein gutes Gespräch – mit einem guten Rotwein – kann da wohltuend mäßigend wirken. Wie hatte Thomas Mann gesagt? „Dostojewski – aber mit Maßen!" Leidenschaft – aber mit Maßen, gepaart mit Vernunft.

Gesine Schwan
Berlin, im August 2015

Meine frühe Kindheit

Schreckenserinnerungen habe ich nicht

Meine früheste Erinnerung aus der Kindheit weiß ich nicht mehr. Solche Erinnerungen mischen sich und man kann keinen genauen Zeitpunkt angeben.

Aber ich habe eine ganze Reihe von Erinnerungen an die Zeit, in der ich mit meiner Familie in Berlin-Heiligensee gewohnt habe. In einer Zweieinhalb-Zimmer-Wohnung mit Veranda. Diese Veranda des Hauses aus den zwanziger Jahren des letzten Jahrhunderts ist für mich ein Ort wunderschöner Erinnerungen. Sie war, wie es das damals üblich war, nach drei Seiten offen, nach Westen, Süden und Osten hin. Nach Westen mit dem Blick zum See, dessen Ufer ganz nah an das Haus reichte. Das Haus und das Grundstück gehörten uns nicht. Meine Eltern kannten den Besitzer des Sees, hatten ein gutes Verhältnis zu ihm, so dass wir dort immer spielen konnten. Es gab eine weite Wiese und hohe Bäume zum Klettern. Ich habe sehr schöne und lebendige Erinnerungen an diese natürliche Umgebung. In der warmen Jahreszeit aßen wir auf der Veranda. Die gemeinsamen Mahlzeiten waren sehr wichtig.

Mein Vater, der in der Zeit nach dem Zweiten Weltkrieg Oberschulrat in Berlin war, kam meistens um sechs Uhr abends nach Hause. Dann haben wir gemeinsam zu Abend gegessen. Ich habe noch immer eine sehr schöne, wohlige Erinnerung daran, dass ich öfters nach dem Essen bei meiner Mutter auf dem Schoß gesessen bin und mit ihr geschmust habe. Wenn die

Abendsonne im Westen ein glänzendes Licht verbreitete, dann war die Atmosphäre wunderbar. Das war für mich der Inbegriff der Geborgenheit und der Wohligkeit. Einzig gefiel mir damals nicht, dass ich danach ins Bett musste. Das wollte ich eigentlich gar nicht gerne.

Schön ist auch die Erinnerung an die Sonntagmorgen im Sommer, wenn meine Mutter Blumen im Garten pflückte und sie in eine Vase stellte, in Erwartung eines schönen Tages, der gerade angebrochen war.

Wunderbar war die Möglichkeit im nahen See zu schwimmen. Ich habe im Alter von fünf, sechs Jahren schwimmen gelernt. Es wird berichtet, dass ich überhaupt keine Scheu hatte, ins Wasser zu gehen und unterzutauchen. Das war für mich überhaupt kein Problem. Ich bin einfach reingegangen.

Ich erinnere mich auch, dass ich im Winter mit meinem Vater auf den umliegenden verschneiten Äckern am Heiligensee Skiwanderungen unternommen habe. An eine solche Tour mit dem Vater alleine, die Mutter war mit meinem Bruder auf Klassenreise, erinnere ich mich noch ganz intensiv. Auch ein Silvesterspaziergang mit meinem Vater um den See ist mir noch lebhaft in Erinnerung. Gerne erinnere ich mich an die Zeiten der Ernte. Wir hatten viele Obstbäume ums Haus. Ich saß im Pflaumen- oder Kirschbaum und habe mir dann den Bauch voll gefressen.

Ich habe mich viel mit meinem Bruder gestritten. Das ging so bis ins Alter zwischen zwölf und fünfzehn Jahren. Ab dann aber gar nicht mehr.

Wenn ich alles zusammen nehme, dann sind es sehr viele naturverbundene, idyllische Erinnerungen, die ich habe. Schreckenserinnerungen habe ich nicht.

Sicher gab es aber auch die Erfahrung von Angst. Einmal haben es meine Eltern gewagt, am Abend zu Freunden zu gehen und mich allein zu Hause zurück zu lassen. Da bekam ich

Angst und habe meine Eltern angerufen und sie gebeten, nach Hause zu kommen. Dann ist einfach die ganze Gesellschaft zu uns umgezogen, und die Welt war für mich wieder in der gewohnten Ordnung.

Das sind so die Erinnerungen, die mir einfallen. Welche davon die früheste war, kann ich nicht mehr sagen. Das hängt wohl auch mit der Unbestimmtheit, mit der Unschärfe des kindlichen Zeitgefühls zusammen.

Doch, eine wohlige Kindheit insgesamt.

Aber ab dem neunten Lebensjahr habe ich auch gemerkt, dass es Spannungen zwischen meinen Eltern gab. Das hat mich dann durchaus belastet.

Mein Vater

Ein strenger, aber auch empfindlicher Mann

Meine Eltern haben mich sehr geprägt. Je älter ich werde, desto mehr spüre ich das. Beide Eltern, zum Teil übereinstimmend, was die Grundhaltung angeht. Aber mit unterschiedlichen Komponenten.

Mein Vater ist mir immer schon als alter Mann begegnet. Er war, 1897 geboren, d.h. sechsundvierzig Jahre alt, als ich 1943 zur Welt kam. Ich kannte ihn nur mit grauen bzw. weißen Haaren. Als Kind träumte ich oft, dass er sterben würde. Er ist aber erst mit neunzig Jahren gestorben und war bis zum seinem Tod gesundheitlich relativ gut beieinander.

Mein Vater ist mir in Erinnerung als ein strenger aber auch empfindlicher Mann. Zugleich aber wusste ich immer, dass er mir absolut zugetan war. Ich erinnere mich, dass ich nur ein einziges Mal Streit mit ihm hatte. Das lag auch daran, dass mir in unserer Familie, die insgesamt sehr temperamentvoll war, die Rolle zukam, der Blitzableiter zu sein; das, was knallte, wieder ein bisschen zur Ruhe zu bringen. Für meinen Vater war ich, glaube ich, sehr wichtig, vielleicht sogar die wichtigste Person. Jedenfalls, das glaube ich heute, wichtiger als es meine Mutter für ihn war. Natürlich liebte er auch meinen Bruder sehr. Aber ich hatte den Eindruck, dass ich für ihn der Mensch war, an dem er festmachte, ob sein Leben gelingt oder nicht.

Erst viele Jahre später, während meiner Psychoanalyse, habe ich begriffen, was das bedeutete. Er hat es niemals ausgesprochen. Da meine Eltern – beide –, ihre Ehe als nicht gelungen empfanden und mein Vater außerhalb der Familie zu meinen Lebzeiten keinen ganz engen Freund hatte, war ich die Person, die ihm am nächsten verbunden war. Er achtete sehr darauf und wollte nicht, dass im Verhältnis zu mir auch nur irgendetwas schief laufen oder kaputt gehen sollte. Der einzige Krach, den ich mit ihm hatte, da wohnten wir schon in Berlin-Wannsee, entstand dadurch, dass meine Mutter, mein Bruder und ich uns ausgedacht hatten, einmal zu viert ins Kino zu gehen. Das wäre eine Sensation gewesen, wenn uns dass gelungen wäre. Die Kinokarten waren damals noch recht billig, DM 2,50 pro Person oder so. Aber das war ihm, obwohl wir nicht arm waren und uns einiges leisten konnten, was für andere damals nicht möglich war – zum Beispiel mit dem Zelt in den Urlaub zu fahren – einfach zu teuer. Nachdem ich ihm den Vorschlag unterbreitet hatte, fragte er mich, ob ich denn das Geld dazu hätte? Ich antwortete ihm: „Na, die Zweifünzig werden ja wohl noch drin sein!" In diesem Augenblick wurde er furchtbar wütend. Wie ich so etwas sagen könnte?! Das fand ich völlig daneben. Ich dachte damals: Spinnt der?!

Es gab einen richtigen, lautstarken Krach. Ich weiß aber nicht mehr, welche Widerworte ich damals meinem Vater gegeben habe. Solche Erinnerungen sind ja oft nicht verlässlich. Aber ich weiß, dass er unbedingt noch am selben Tag mit mir sprechen wollte. Wir sind dann in den Garten gegangen, es war ein bisschen Abendsonne da, und er hat mich um Verzeihung gebeten für das, was er gesagt hatte. Das war mir so unangenehm, dass ich es gar nicht in Worten ausdrücken kann. Vor allem weil es mir gezeigt hat, wie abhängig er von mir war.

Dabei war mein Vater für mich ohne Zweifel eine Autorität. Partiell war er auch ein Patriarch, wie das in der Generation damals üblich war. Ein Beispiel: Er war einmal längere Zeit in den USA zu Schulbesichtigungen. In seiner Abwesenheit hat meine Mutter „gestrampelt", um quasi heimlich den Führerschein zu machen. Sie ist dann prompt zweimal durchgefallen, bis sie es schließlich geschafft hat. Sie blieb aber ohne Übung und deshalb letztlich unfähig, selbst ein Auto zu fahren. Ich hatte immer Angst, wenn ich sonntags mit ihr in die Kirche fuhr. Mein Vater wollte eigentlich nicht, dass meine Mutter den Führerschein machte.

Andererseits war mein Vater sehr fortschrittlich. Zum Beispiel behandelte er meinen Bruder und mich völlig gleich. Ich kam nie auf die Idee, dass ich als Mädchen für ihn weniger wichtig war oder keine Berufsausbildung machen durfte. Bei uns galt selbstverständlich völlige Gleichbehandlung zwischen Sohn und Tochter. Ich habe erst später gemerkt, wie ungewöhnlich das zu jener Zeit war, wie fortschrittlich ich erzogen worden bin.

Ich erinnere mich in diesem Zusammenhang an den Tag, an dem mein Bruder einen Unfall erlitt. Meine Eltern mussten ganz schnell an den Unfallort und ins Krankenhaus. Ich blieb allein zu Hause mit der irrsinnigen Angst, dass mein Bruder zu Tode gekommen sein könnte. Wenn ich daran denke, könnte ich jetzt wieder anfangen zu heulen. Gott sei Dank hat er den Unfall überlebt. Als meine Eltern schließlich zurück nach Hause kamen, habe ich gespürt wie sehr mein Vater in dieser schwierigen und angespannten Situation der Fels in der Brandung war. Ich durfte im Bett meiner Eltern schlafen, weil ich so aufgewühlt war. Da hat er mich in den Arm genommen, mich ganz stark und liebevoll gestützt und wieder zur Ruhe gebracht. Das war auch eine Seite von ihm.

Ich verdanke ihm auch eine große Disziplin in Sprache und Gedanken. Da hatte mein Vater einen ganz starken Einfluss auf mich, prägte mich nachhaltig. Wir haben uns oft über Probleme unterhalten, die ihn beschäftigten. Als zum Beispiel in den 1950er Jahren die ersten antisemitischen Schmierereien aufkamen, die ihm als Oberschulrat zu schaffen machten, hat er das in der Familie zur Debatte gestellt. Wo hat das denn in jener Zeit ein Vater so gemacht? Das war ganz ungewöhnlich. Er hat aufklärerisch gewirkt, wenn er sprachliche Unsauberkeiten kritisierte, gegen Pleonasmen anging, die wir gebrauchten, oder wenn er uns den Unterschied zwischen anscheinend und scheinbar beibrachte.

Bemerkenswert war seine unglaubliche Fähigkeit zur Ironie, auch zur Selbstironie – nicht gerade ein patriarchalischer Charakterzug. Das war mir sehr sympathisch und ist mir als Lebenshaltung bis heute lieb und wert. Seine selbstironische Haltung hat es dann auch wieder erleichtert, mit ihm umzugehen. Er konnte zum Beispiel nicht gut loben und ermuntern nach dem Motto: „Das hast du ja toll gemacht!" So etwas kam nicht über seine Lippen. Sein Lob hieß eher: „Das hätte ich auch nicht besser machen können." So war seine Ironie.

Oder: Wir hatten so ein Spiel, dass ich mit ihm schmuste. Das Körperliche war ja in seiner Generation schwierig. Wenn ich mich auf seinen Schoß setzte, dann tat er immer so, als wäre das für ihn furchtbar. Aber ich merkte, dass er es im Gegenteil gerne hatte und genoss. Ich war seine besondere Tochter. Es gab ja keine andere – aber trotzdem.

Mein Vater hat uns auch drangsaliert und erpresst, wenn ihm in der Familie etwas nicht passte. Dann bekam er wochenlange Kopfschmerzen – furchtbar!

Wenn wir ganz harmlose Klassenfeiern machten, bei denen meine Mutter anwesend war, weil sie bei den Mitschülern sehr beliebt war, hat er das so kommentiert, als ob es wie „Sodom und Gomorrha" zuginge. Dann verließ er demonstrativ das Haus und kam erst am Abend um elf Uhr zurück. Ich musste dann hinauf zu ihm und ihn wieder in gute Laune versetzen.

Mein Vater war eine komplexe, ambivalente Persönlichkeit. Und er war ein sehr verletzlicher Mensch.

Meine Eltern haben sich leider gegenseitig nichts geschenkt. Sie waren beide sehr starke Persönlichkeiten. Während des Krieges und im Widerstand haben sie aber politisch sehr gut zusammengehalten.

Eine Zeit lang hatten sie ein jüdisches Mädchen in unserer Wohnung versteckt. Das erforderte schon einen starken Zusammenhalt. Es gibt übrigens in Berlin eine Gedenkstätte für Retterinnen und Retter in jener Zeit. Bei einem Besuch dieser Gedenkstätte habe ich festgestellt, dass eine ganze Reihe von Ehepaaren, die sich, ähnlich wie meine Eltern, in der Zeit der Not bewährt hatten, sich hinterher trennten.

Einen Punkt möchte ich noch festhalten: Mein Vater war ein uneheliches Kind. Davon hat er mir selbst nie auch nur einen Ton erzählt. Meine Mutter hat mir das erst anvertraut, als sie Krebs bekam. Da war ich schon 19 Jahre alt. Die Mutter meines Vaters war in die Stadt gegangen, hatte in einem Unternehmen als Sekretärin gearbeitet und mit dem Sohn des Unternehmers ein Verhältnis gehabt, aus dem mein Vater hervorgegangen ist. Er wurde an einem düsteren Januartag des Jahres 1897 geboren. Von seiner Mutter war danach nie mehr die Rede. Sie hat sich wohl bald nach seiner Geburt das Leben genommen. Mein Vater ist dann bei seinen Großeltern auf dem Dorf aufgewachsen. Die Großmutter hat ihm immer vorgeworfen, dass er die Schande der Familie sei. Aber sein Großvater muss sehr liebevoll zu ihm gewesen sein.

Mein Vater war als Kind ein Träumer, der überhaupt nicht in das Landleben in einer einfachen Kate passte. Sein engster Freund war ein alter Fischer, mit dem er in einem der Seen in der Umgebung gefischt hat. Er ist in die einstufige Dorfschule gegangen, hat zwei Klassen übersprungen, und dann am humanistischen Gymnasium in Posen das Abitur gemacht. Er wollte Medizin studieren. Das Geld, das der Großvater irgendwie angesammelt hatte, war aber verloren gegangen. Daraufhin ist er

Lehrer geworden an einer Reformschule. Sein Leben lang hat er darüber getrauert, dass er nicht hatte Mediziner werden können. Immer wenn wir Kinder eine kleine Wunde hatten, haben wir uns gerne in seine Obhut begeben, weil er eine wohltuende Ruhe ausstrahlte während er die Wunde versorgte.

Ich weiß, dass er viele Schwächen hatte. Und er hat meine Mutter nicht sehr treu begleitet. Er war auch in mancher Hinsicht ängstlich. Aber alles in allem empfinde ich doch eine große Dankbarkeit für ihn und ihm gegenüber. Als meine Mutter später – er war schon pensioniert – psychisch schwer krank wurde und auf große Reisen ging, verbrachte er immer ein halbes Jahr bei meinem Bruder und mir. Er hat sich dabei unglaublich vorbildlich zurückgenommen und überhaupt keine Ansprüche gestellt. Vor meinem ersten Mann, Alexander Schwan, hatte er große Achtung. Und wenn meine Mutter in einer ihrer manisch depressiven Phasen nach Israel oder Japan oder sonst wohin abdüste und dort oft kein Geld mehr hatte, dann konnte er bei uns sein und bei uns vor Anker gehen. Er kam zum Mittagessen oder auch zum Abendessen zu mir, manchmal auch zu meinem Bruder, mit dem ich zusammen in einem Haus wohnte. Er hat sich fast unsichtbar gemacht. Er war ganz lieb, ich kann es nicht anders sagen. Nur beim Essen war es schwierig. Da war er autoritär und auch für meine beiden Adoptivkinder schwer zu ertragen. Wir hatten einen komplett anderen Erziehungsstil.

Das Verhältnis zu mir war das einzige ohne Schatten. Das war für mich natürlich auch nicht immer ganz einfach, weil mein Vater in mich so hohe Erwartungen setzte. Er hat sich dann noch einmal gewünscht, dass wir zwei zusammen eine Reise machen. Manche würden unter heutigen Vorzeichen sagen: „Nanu!" Er war zu diesem Zeitpunkt schon fast fünfundsiebzig Jahre alt und ich war dreißig. Damals fuhr er noch sehr gut Auto. Wir sind dann vierzehn Tage durch die Lande gefahren und haben bei allen möglichen Verwandten Halt gemacht und übernachtet. Auf dieser Reise hat er schließlich sehr viel von sich erzählt, auch wie er seine Ehe wahrgenommen hat.

Niemals hat er eine unangenehme Annäherung an mich versucht. Da hätte ich mich auch zur Wehr gesetzt. Ich war ja zu diesem Zeitpunkt schon verheiratet. Und mein Mann hatte auch kein Problem damit, mich mit ihm zusammen reisen zu lassen. Aber für ihn war diese Reise wohl, bei aller Rücknahme seiner selbst, so etwas wie Flitterwochen. An einem schönen Sommertag am Waldrand mit mir auf einer Decke zu sitzen und ein Picknick zu machen und einfach friedlich zu sein, das war für seine Seele Balsam. Für mich war es auch sehr schön. Aber immer schwang dabei die leichte Ahnung mit, dass er sich sicher unbewusst so jemanden wie mich als Frau gewünscht und nicht bekommen hat. Manchmal hat er es sogar ironisch zum Ausdruck gebracht: „Ja, dich als Frau hätte ich gerne gehabt!" Es war für ihn im Überbrückungsversuch zwischen Realem und Erträumten ein zwar schönes, aber letztlich nicht befriedigendes Verhältnis. Ich brauchte eine analoge Überbrückung. Ich war zufrieden.

Meine Mutter

Warmherzig, aber auch jähzornig

Wenn ich das so erzähle, könnte man ja auf den Gedanken kommen, dass meine Mutter eifersüchtig auf mich war. Das war sie nicht. Nur in ihren späteren depressiven Phasen wurde sie es. Ich bin mir auch sicher, dass die geschilderte Ehekonstellation für meine Mutter nicht schön war. Sie wusste, dass ihr Mann ihr nicht treu war und ich für meinen Vater letztlich mehr bedeutete als sie. Das war schon schwer für meine Mutter. Andererseits hing sie aber auch sehr an mir. Ich war ihr wichtig und sie war es mir auch.

Bis zu meiner ersten großen Liebe war ich völlig offen zu ihr. Meine Mutter wusste über alles Bescheid, kannte alle meine Mitschüler, fragte nach, wenn ich von ihnen erzählte. Sie war eine liebevolle, tröstende Mutter. Sie war eine sehr warmherzige, auch körperlich warmherzige Frau. Deswegen liebten meine Klassenkameraden und die meines Bruders sie bis ins Alter. Sie saß bei unseren Partys einfach dabei, lachte, nahm meine Freunde in den Arm. Das kannten sie von zu Hause gar nicht.

Sie nannte mich sehr früh schon ihr „Trösterchen". Ich hatte für sie diese Funktion. Sie liebte mich und war auch sehr stolz auf mich, sie hat sich sehr mit mir identifiziert. Ich war für sie die Person, die alles irgendwie schaffte, die Leute gewinnen und für sich einnehmen konnte. Sie empfand mich wohl wie ein gelungenes Produkt.

Und sie hat mich auch geprägt. Wenn man mir Herzlichkeit oder Warmherzigkeit zuspricht, dann habe ich das von ihr bekommen, die Zuneigung zu Menschen, das Unmittelbare, das Spontane, auch das Interesse, die Neugier. Meine Mutter war viel neugieriger als mein Vater. Nicht auf Klatsch, aber sie interessierte sich sehr zum Beispiel für Kunst. Mehr als mein Vater, der aus komplizierten Verhältnissen kam, war sie eine Aufsteigerin. Sie kam aus einer Kleinstadt in Schlesien, die ich erst vor ein paar Jahren kennen gelernt habe. Dort wuchs sie in der deutschen Minderheit auf. Sie hatte einen großzügigen Vater, der als Polizist arbeitete und nie antipolnisch eingestellt war, der allerdings wohl auch ein Hallodri war. Das wollte meine Mutter aber nicht wahr haben, weil er ihr auch in der Erinnerung sehr viel bedeutete. Sie war, wie gesagt, neugierig und ehrgeizig, sie wollte etwas werden. Schon in den dreißiger Jahren des letzten Jahrhunderts ging sie nach Berlin, um dort den Beruf der Fürsorgerin zu erlernen. Aber am liebsten wäre sie Sozialministerin geworden!

Zwei Probleme waren bei ihr auffällig: Sie hatte sehr wenig Selbstdisziplin und sie war ziemlich jähzornig. Ich glaube, dass ihr dies immer im Wege gestanden hat. Denn sie war hochintelligent und eroberte alle Leute im Fluge. Aber das kontinuierliche Abarbeiten war nicht ihre Stärke. Das hat mich stark belastet, weil ich spürte, wie tief unzufrieden meine Mutter mit ihrem Leben war. Sie sehnte sich immer nach „irgendwas anderem", sie hatte zuweilen ganz pubertäre Wünsche. Wir fuhren zum Beispiel mit einem kleinen, alten DKW nach Südfrankreich und hatten ein winziges zusammengebasteltes Militärzelt dabei. Meine Mutter wollte sich ihre Nizza-Träume erfüllen. Dazu hatte sie sich ein gepunktetes Perlonkleid schneidern lassen, das war damals „in". Ein weites Ballkleid war das. Wenigstens einmal hat sie es angezogen. Als wir auf dieser wunderbaren Straße an der Côte d'Azur unterwegs waren, setzte sie sich auf einen Stein und wir fotografierten sie. Das bedeutete für sie die Erfüllung eines Traumes. Sie fühlte sich vermutlich wie eine grandiose Schauspielerin.

Mein Vater war ihr am Anfang als Junggeselle begegnet, mit einem für einen Lehrer ganz ungewöhnlichen Outfit, mit Seidenhemd und heller Hose, der zudem auch Segeln ging. Doch das war nachher dann alles nicht mehr ganz so wie am Anfang. Die Beziehung wurde im Laufe der Zeit schwierig. Sonntags zog er sich in seinen alten Klamotten in den Keller zurück und arbeitete in seiner Werkstatt. Das war für meine Mutter sehr frustrierend.

Und dennoch: Ihre Neugier, ihre Extrovertiertheit, ihre Fröhlichkeit und ihre Spontaneität, die Menschen in den Arm zu nehmen, das hat mich unendlich stark geprägt. Und ich lernte aus ihrem Defizit: „Du musst mit deinen Fähigkeiten so umgehen, dass du daraus etwas machen kannst, du darfst deine Fähigkeiten nicht verschleudern, damit nicht nach kurzer Zeit wieder alles zusammenbricht und zu einer einzige Frustration wird." Das war bei meiner Mutter der Fall, während mein Vater die Chance hatte, sein Leben als gelungen anzusehen. Er sagte einmal zu uns: „Ich danke eurer Mutter, dass sie darauf bestanden hat, Kinder zu haben," – er hatte nämlich keine haben wollen – „denn ihr Kinder seid für mich der Beweis für ein gelungenes Leben."

Mein Bruder hat, anders als ich, Konflikte, die man als Jugendlicher so hat, nicht gescheut. Das waren zum Teil ganz banale Sachen. Er hat zum Beispiel nicht – wie wir Kinder aufgefordert waren – das Licht ausgemacht, wenn er aus dem Raum ging, er hat es einfach angelassen und hat auch nicht die Heizung ausgeschaltet. Wenn ich dann meinen Vater am Abend nach Hause kommen hörte, bin ich schnell durch alle Räume gegangen und habe das Licht ausgemacht. Mein Vater wollte selbst an Winterabenden im Schlafzimmer die Heizung nicht anstellen. Aber meine Mutter wollte das. Da habe ich dann die Heizung angemacht. Die Banalität dieser Konflikte kann man sich heute gar nicht mehr vorstellen!

Mein Bruder hatte sehr viel mehr Konflikte mit meinen Eltern als ich. Mein Vater wollte ihn zum Beispiel durchaus in der Werkstatt basteln lassen. Aber mein Bruder hat immer alles stehen und liegenlassen, wenn er gegangen ist. Ich glaube, dass er unter allen Schwierigkeiten mit dem Vater, auch an denen der Eltern untereinander, sehr gelitten hat. Wir haben dann ein stilles Bündnis miteinander geschlossen, ich dreizehn, er sechzehn Jahre alt: Wir stritten nicht mehr miteinander, haben zusammen gehalten und alles versucht, den Eltern das Leben schön zu machen.

Auf unseren Reisen, hinten im kleinen DKW, haben wir uns immer ganz schnell darüber verständigt, was wir machen, um einen schönen Rastplatz zu finden. Damals war man vier, fünf Tage nach Italien unterwegs. Es gab noch keine Brenner-Autobahn. Wir haben eng „zusammengearbeitet" und versucht, für unsere Eltern eine angenehme Situation zu schaffen. Dadurch wurde unser Verhältnis ganz dicht und kooperativ.

Das versteckte jüdische Mädchen

Zivilcourage zeigen, nicht mit den Wölfen heulen

Als Kind habe ich überhaupt nicht mitbekommen, dass meine Eltern in der Zeit des Nationalsozialismus ein jüdisches Mädchen versteckt hatten. Das war 1944, da war ich ein Jahr alt. Und mein Bruder hat das auch nicht mitbekommen, obwohl er drei Jahre älter war.

Meine Eltern haben daraus auch später nichts gemacht. Sie haben sich nie mit dieser Tat gebrüstet, sie haben nie darüber erzählt. Ich kann mich nicht erinnern, wann ich davon erfahren habe. Später erfuhr ich, dass das alles über Harald Poelchau, den Gefängnispfarrer von Plötzensee, eingefädelt worden war. Mit ihm waren meine Eltern eng befreundet. Er hatte in Berlin ein ganzes Versteck netz für Juden aufgebaut. Langsam bekam ich die Einzelheiten heraus. Da gab es eine Fürsorgerin-Kollegin meiner Mutter, die auch eine Jüdin versteckt hatte. Davon hat mir meine Mutter erzählt – nicht von sich! – wie eines Tages die SA zu dieser Kollegin kam, die Jüdin war glücklicherweise gerade nicht im Haus, und sie geistesgegenwärtig wie ein Dienstmädchen mit Schürze aufgetreten ist, Vorhänge abgehängt und berlinert hat: „Wat wollen' Se denn, ik versteh det ja nich!" Solche Situationen hat mir meine Mutter beschrieben.

Ich habe mit meinen Eltern nie intensiv darüber gesprochen, obwohl wir eine gute Kommunikation miteinander hatten. Erst als sie nicht mehr lebten, ist mir wirklich zu Bewusstsein gekommen, was damals geschehen ist.

Ich weiß nur noch, dass meine Mutter mir einmal erzählt hat, dass mein Vater nach ungefähr zwei Monaten Bauchgrimmen wegen der ganzen Aktion hatte und Angst davor bekam, dass es entdeckt und damit dann auch die ganze Familie mit uns Kindern in den Strudel hineingerissen würde.

Meine Mutter war da viel draufgängerischer. Sie brachte zum Beispiel in der Kriegszeit Essen in eine Laubenpieperkolonie in Heiligensee, wo viele Juden, auch Kommunisten, versteckt lebten. Das war eine Kolonie, die voller Intellektueller war. Sie erzählte mir, dass ihr einmal fast das Herz stehen geblieben sei, als sie im Dunkeln, mit Essen unterwegs, vom Scheinwerferlicht eines Autos erfasst wurde. Sie dachte, das sei ein Auto von der SA. Es war aber, Gott sei Dank, nicht so. Es war nur ein PKW, der wendete.

Wenn ich mich heute frage, wie diese Haltung meiner Eltern auf mich wirkte, was sie mit mir gemacht hat, dann kann ich sagen: Es ist eine Kombination von Freude und Dankbarkeit für das, was sie getan haben. Ich habe in diesem Sinne daher auch keine persönlichen Schuldgefühle für das, was in der Zeit des Nationalsozialismus in Deutschland geschehen ist. Aber es ist natürlich auch eine enorme Verpflichtung, insofern, dass meine Eltern unter Lebensgefahr etwas gemacht haben, während wir in der Demokratie Geringes oft nicht wagen, wo wir nicht in Lebensgefahr schweben.

Die Handlungsweise meiner Eltern ist für mich eine zentrale Verpflichtung, Zivilcourage zu zeigen, nicht mit den Wölfen zu heulen – bis in die aktuelle Gegenwart hinein. Aus dem Handeln meiner Eltern erwuchs für mich aber nicht nur eine Verpflichtung, sondern auch eine Stärkung. Exempla trahunt: Beispiele regen einen an, ziehen einen mit, Mut aufzubringen. Ich habe ja seit den neunziger Jahren eine ganze Reihe von Auszeichnungen bekommen. Und so manches Mal gehe ich dann an des Grab meiner Eltern und sage: „Ich danke Euch für Euren Mut!"

Da liegt eine ganz, ganz tiefe Dankbarkeit in mir. Ich glaube, meine Eltern würden sich wundern, wenn sie das alles hörten. Zumal meine Mutter die letzten dreißig Jahre ihres Lebens schwer manisch-depressiv war. Sie hat sich in ihrer Depressivität oft selbst verdammt und mich in den Himmel gelobt. Ihr war in ihrer Wahrnehmung eben das nicht gelungen, was mir gelungen war. Andererseits hörte ich dann aber auch in ihrer Manie Sätze von ihr wie: „Ich verdamme dich bis ins Grab!"

Motive der Hilfe

Sie haben es einfach gemacht

Woher hatten meine Eltern die Motivation, den ethischen Impuls, angesichts einer starken, oft tödlichen Bedrohung, eine solche Haltung konkret einzunehmen? Ich habe mich vor Jahrzehnten schon mit der Helferforschung befasst. Wenn man die Helferinnen und Helfer gefragt hat, warum sie ihr Leben eingesetzt, riskiert haben, bekam man in vielen Fällen als erstes die Antwort: „Wir haben es einfach gemacht, wir haben nicht darüber nachgedacht." Ganz viele haben es, zweitens, aus religiösen Motiven getan. Das war zum Beispiel auch in Polen oft der Fall. Selbst wenn die Helfer antisemitische Katholiken waren, haben sie Juden versteckt.

Mein Vater war aus der Evangelischen Kirche ausgetreten. Er war überhaupt nicht kirchengehorsam. Im Unterschied zu meiner Mutter war er auch eher vorsichtiger. Aber der starke ethische Impuls, der bei meiner Mutter wirksam war, hatte auch seine Schattenseiten. Sie hat uns Kinder mit ihren Moralvorstellungen furchtbar unter Druck gesetzt. Mein Bruder hat noch mehr darunter gelitten als ich. Ich habe mir gesagt, als Argumentieren nicht mehr ging: „Sag' doch, was du willst!" Meine Mutter war nicht so reflektiert, sie hatte zwar viel Phantasie, ich weiß nicht, was sie sich vorgestellt hat, was alles passieren könnte. Sie ging einfach mit dem Kopf durch die Wand, auch bei der Rettung der kleinen Jüdin. Aber sie hatte einen ganz starken ethischen Impuls. Bei meinem Vater war das alles viel gebrochener, sehr viel reflektierter, aber auch von einem starken ethischen Impuls bestimmt. Mein Vater stand von Anfang an gegen die Nationalsozialisten. Da war er sehr entschieden. Nach dem Kriege war er der Auffassung, dass die Deutschen doch alles hätten wissen können über die Verbrechen der Nationalsozialisten.

Einmal war Klara Marie Fassbinder bei uns zu Besuch. Sie fuhr in den 1950er Jahren immer in den Osten und wollte Chruschtschow mit dem Papst versöhnen. Bei einem Abendessen bei uns zu Hause, als es um die Nazizeit und die Frage ging, ob die Deutschen von den Verbrechen der Nazis hätten wissen müssen, sagte sie in ihrem rheinischen Akzent zu meinem Vater: „Och Herr Schneider, nein, isch hab davon nichts jewusst!". Ihr konnte man nicht unterstellen, dass sie davon nichts hätte wissen wollen. Das war interessant für mich zu hören. Wie gesagt, mein Vater war reflektierter als meine Mutter, machte sich deswegen auch mehr Sorgen als sie. Aber beide haben sich in dieser Haltung auch ergänzt. Die unabdingbare Verpflichtung gegenüber der Menschlichkeit hat sie beide verbunden. Auf die haben sie mich gleichsam weiterverpflichtet.

Michael Albus

Erste Einsichten –
von nichts kommt nichts

Gesine Schwan berichtet von einer wohligen Kindheit und gleichzeitig von spürbaren Spannungen der Eltern, die nicht ohne Auswirkung auf sie und ihren Bruder blieben.

Und man hört staunend wie sehr sie die Rolle der Versöhnerin, des „Trösterchens" spielen musste. Zuweilen wird da eine Überforderung sichtbar und spürbar. Aber das hat sie stark gemacht.

Die Prägungen durch das Elternhaus waren intensiv. Der Mut und die Kraft zur Zivilcourage, zum Einmischen in laufende gesellschaftliche und politische Diskussionen und Konflikte kommen daher. Das zeichnet Gesine Schwan bis zum heutigen Tag aus: Sie will, wenn es sein muss, unbequem sein und ist unbequem. Nicht jedermanns Liebling, charakterstark, eigenwillig, kantig.

Ihre frühe Kindheit fiel in die letzten Jahre des Zweiten Weltkrieges. Gefahren waren zu bestehen. Es galt zu helfen und Not zu lindern und nicht erst zu fragen: Was bekomme ich dafür? Welchen Nutzen habe ich davon?

Man erfährt in ihren Erzählungen über die frühen Jahre auch, warum Gesine Schwan bis heute von einem unbeugsamen, risikobereiten Anfängergeist durchdrungen ist. Das macht Mut, es immer wieder selbst zu versuchen.

Meine Jugendträume

Was soll aus mir werden?

Wenn ich von der Kindheitsphase absehe, zweite, dritte Klasse, in der wir uns darüber unterhielten, was wir einmal werden wollten, Seiltänzerin oder sonst was, kam ein erster deutlicherer Wunsch auf. Ich war etwa zwölf oder dreizehn Jahre alt und besuchte schon das Gymnasium. In dieser Zeit hatte ich eine vorzügliche Lehrerin im Fach Musik. Und ich wollte bis kurz vor dem Abitur, 19 Jahre alt, unbedingt Musiklehrerin werden. Dabei hatte ich das Ziel, durch die Musik die Kinder moralisch zu beeinflussen. Meine Idee war, dass sie, wenn sie einmal im Kontext der Matthäuspassion von Johann Sebastian Bach den Choral „Oh Haupt voll Blut und Wunden" kennen und singen lernen werden, dass sie dann alle gute Menschen würden. Das war meine naive Idee.

Dann habe ich aber kurz vor dem Abitur gesehen, mein Bruder hatte auch schon angefangen Musik zu studieren, dass Schulmusik zu studieren doch nicht das Richtige für mich war. Mein Interesse richtete sich stark auf die Philosophie. Ich habe damals viele philosophische Bücher gelesen. Und meine Begabung fürs Klavier war aus meiner Sicht auch nicht gut genug, um Musik zum Lebensberuf zu machen. Meine Musiklehrerin habe ich deswegen furchtbar enttäuscht.

Ich entschied mich, Romanistik und Geschichte zu studieren. Damit war mein nächstes Ziel anvisiert: Lehrerin zu werden. Romanistik hatte zum Anlass, dass ich das Französische

Gymnasium in Berlin besucht hatte. Doch ich bin dann an der Freien Universität schnell enttäuscht worden. Das ganze Studium lief auf Deutsch und die Interpretationskurse waren methodisch ziemlich willkürlich. Das gefiel nicht. Dann wechselte ich nach Freiburg, denn ich wollte den großen Romanisten Hugo Friedrich hören, weil ich dachte, der würde mich überzeugen. Er hat mich aber nicht überzeugt. Ich habe seine überfüllten Vorlesungen im Auditorium Maximum über Chrétien de Troyes gehört. Aber das waren alles Märchenstunden für mich. Davon habe ich nichts Substantielles gehabt. In Geschichte ging es mir ähnlich. Das war dann auch sehr schnell nicht mehr meine erste Option.

Was mich dann mehr und mehr interessierte war das Thema Handeln und die Frage nach der Legitimation von Handeln. Das war eigentlich mein Ding – und nicht retrospektiv und faktenhuberisch zu schauen, was gewesen war, was vergangen ist.

Mein Punkt bei der Berufswahl waren schon auch die Fächer. Aber eigentlich noch mehr das Lehrerinnen-Sein. Ich habe relativ früh gespürt, was mir das gab und geben konnte, bei guten Lehrerinnen und Lehrern an der Schule zu lernen. Ich wollte gerne mit jungen Menschen umgehen, mit ihnen etwas behandeln, wollte eine Sache für sie interessant machen, sie neugierig machen, etwas vermitteln.

Aber auch davon bin ich dann abgekommen – vor allem durch die Erfahrungen eines sechswöchigen Praktikums, das ich an der Europäischen Schule in Luxemburg gemacht habe. Da habe ich gemerkt, wie schwer es ist, komplexe Probleme so zu reduzieren, dass sie für Schülerinnen und Schüler akzeptabel, verständlich sind. Die Disziplin war nicht mein Problem. Ich fragte mich eher: „Kannst du das intellektuell verkraften, wenn du von der Differenziertheit, auf die du immer aus bist, zurück musst auf den ‚Knoten'?" Da spürte ich, dass mir das weder Spaß machen, noch auch jemals wirklich gelingen würde.

Mein Studium der Philosophie und Politikwissenschaft

Studieren, was mir Spaß macht

In der Zeit habe ich auch meinen ersten Mann, Alexander Schwan, kennen gelernt. Er hat mich sehr stark dazu bewegt, dass ich nur studieren sollte, was mir Spaß macht: nämlich Philosophie und Politikwissenschaft. Dafür werde ich ihm immer sehr dankbar sein. Denn das war genau die richtige Option für mich. Damals konnte man diese Fächer noch nicht mit Blick auf das Lehramt studieren. Aber man brauchte auch keinen Masterabschluss, sondern konnte das Studium direkt mit der Dissertation abschließen. Das war in Ordnung für mich.

In den zwei Semestern in Freiburg war ich, obwohl ich immer gerne mit anderen Menschen zusammen bin, viel für mich allein und studierte konsequent. Ich hatte ein kleines Zimmer in der Runzstraße, im Studentenwohnheim der Arbeiterwohlfahrt, sechster Stock, mit Blick auf den Schwarzwald. Wunderbar, den ganzen Vormittag Sonne. Ich habe dort mein erstes Proseminar bei meinem späteren Mann Alexander Schwan besucht. Das Thema: „Die Frühschriften von Karl Marx". Sehr sorgfältig habe ich die Landshut-Ausgabe der Schriften von Karl Marx exzerpiert. Ich hatte viel Zeit und habe auch sehr gerne gearbeitet. Es war für mich kein Zwang, sondern geradezu ein physischer Genuss, in Ruhe dazusitzen und diese Texte und Gedanken zu verstehen. Keiner störte mich. Ähnlich erging es mir mit Georg Wilhelm Friedrich Hegels „Vorreden", mit einem Kommentar herausgegeben von Erwin Metzke. Das waren überaus beglückende Erfahrungen, die mich ganz ausfüllten. Ich hatte richtige Lust am Denken.

Und das ist bis heute so geblieben. Denken macht mir Spaß. Ich ertappe mich immer wieder dabei, wenn ich zum Beispiel zum Bahnhof gehe oder handwerklich irgendetwas mache, dass ich in meinem Kopf dauernd etwas hin und her wende. Dabei mache ich mir dann dauernd auch Einwände. Ich führe beim Nachdenken Selbstgespräche. Und es liegt mir daran, mir selbst diese Einwände zu machen. Vielleicht, weil ich darauf gefasst sein möchte, dass mir ein anderer welche macht, z. B. gegen das, was ich öffentlich sage. Und da ich mich schon einige Jahrzehnte öffentlich äußere, muss ich auch darauf gefasst sein und darauf eingehen können. Aber auch deswegen stelle ich mich gerne meinen kritischen Vorbehalten, weil ich mir sage: „Wenn du nicht deine eigene Position so prüfst und immer wieder testest und nicht den Mut hast, dir Gegenpunkte zu deiner Position zu setzen, gerade da, wo sie am ekeligsten sind, dann taugt deine Position nichts, dann bist du gegenüber der Wahrheit, die du suchst, von der du weißt, dass du sie nicht finden wirst, der du dich nur annähern kannst, weil es die absolute Wahrheit nicht gibt, im Verzug."

Es gibt einen inneren Anstoß, der für mich ganz entscheidend ist: Sich an das zu halten, was man als bestmöglichste Wahrheit erkennen kann. Zuerst einmal informativ. Ich bin zur Zeit sehr in das Thema Griechenland involviert. Da ist es wahnsinnig schwierig, sich ein zureichendes Bild zu machen. Aber wenn ich eine Orientierung über Faktisches bekomme, dann kann ich über die Straße springen vor Freude. Das ist mir sehr wichtig: Mich so gut und gründlich wie nur möglich zu informieren.

Denken und Leidenschaft gehören untrennbar zusammen

Es muss mir auch schwer sein

Ich habe nie Denken und Emotionalität voneinander getrennt. Für mich gab und gibt es da keinen Unterschied. Es ist zwar so, dass ich in mir bestimmte Emotionen spüre, die mich auch abhalten könnten, mir Einwände zu machen, weil es dadurch bequemer ist. Aber die Sorge, dass ich mit einer nicht gründlich geprüften Position auf die Schnauze falle, ist auch eine Emotion. Sie ist eben auch da. Für mich gehören Denken und Leidenschaft untrennbar zusammen. Jemand, der beim Denken keine Emotion empfindet, den empfinde ich als stinklangweilig. Der fängt dann an Statistiken zu sammeln oder sonst etwas.

Ich muss beim Denken auch leiden können. Es muss mir auch schwer sein. Wenn es das nicht ist, wenn es mich gar nicht berührt, dann kann ich auch Kreuzworträtsel lösen. Ich muss mein Denken immer auch in meine Erfahrungen einordnen können, das Denken mit ihnen abgleichen. Das ist ein ständiger Rückkopplungsprozess. Wenn ich fair sein will, so gut wie möglich an der Wahrheit sein will, dann muss ich mir auch unangenehme Einwände machen. Das gehört einfach zusammen.

Ich bin zum Glück nie in eine Situation gekommen, in der ich meine Emotionen nicht leben konnte. Natürlich muss ich sie auch zähmen. Die Leidenschaft bringt mich voran. Aber ich muss sie am Zügel halten.

Meine Ehe mit Alexander Schwan

Denken war für uns wichtig

Im Laufe der Zeit kam dann auch die erste große Liebe in mein Leben. Nach einer ersten unglücklichen Beziehung, die daneben ging, kam die glückliche Ehe mit meinem ersten Mann. Das war eine sehr innige und lebendige Beziehung. Sie war für meinen Mann sehr wichtig, weil er jemanden suchte, mit dem er denkerisch etwas unternehmen konnte. Und für mich war sie sehr wichtig und hilfreich, weil dieses Bedürfnis für mich eine große Befreiung war. Ich wollte eben auch immer denken. Die gleichaltrigen Männer, die ich kennen gelernt hatte, die taugten dafür nicht. Als ich anfing, mich näher für Alexander zu interessieren, habe ich mir seine Dissertation ausgeliehen. Darin stand, damals noch mit Schreibmaschine geschrieben, auch sein Lebenslauf. Und als ich den las, dachte ich mir: „Ach Gott, der ist schon dreiunddreißig Jahre alt. Meine Güte, der ist ja uralt!" Das war das Erste. Und das Zweite war dann der Titel seiner Dissertation: „Der Ort der Gegenwart in der Eschatologie des Seins bei Martin Heidegger". Damals habe ich überhaupt nicht verstanden, was das heißen sollte. Der Titel hat mich ein bisschen amüsiert, ehrlich gesagt. Aber er hat mich auch gelockt, ich fand das Thema interessant.

Kennen gelernt habe ich Alexander Schwan 1964, in dem schon genannten Proseminar über den jungen Marx. Es war ein sehr intensives und großes Proseminar mit einhundertundfünfzig Studierenden, die in Arbeitsgruppen organisiert waren.

Da habe ich sehr viel gelernt, obwohl ich Alexander einmal mit dem Satz zur Verzweiflung gebracht habe: „Ich weiß gar nicht, ob ich bisher überhaupt etwas gelernt habe." Wir waren uns schon näher gekommen, als ich ihm dies sagte. Ich weiß noch genau, wo er mir geraten hat, dass ich Philosophie studieren sollte: Es war am Bertoldsbrunnen, im Zentrum Freiburgs, von wo unsere Straßenbahnen in zwei verschiedene Richtungen abfuhren. Für ihn war Denken wichtig und für mich war Denken wichtig. Ich glaube, das war die ganz entscheidende Verbindung zwischen uns. Geheiratet haben wir dann aber erst 1969.

Die Krankheit meines ersten Mannes

Die schwierigste Zeit
meines Lebens

Die Ehe mit Alexander Schwan nahm nach 17 Jahren einen tragischen Verlauf. Schon im ersten Ehejahr hatte er Krebs bekommen, der aber heilte. Die zweite, sehr viel schwerere Krebs-Erkrankung ihres Mannes führte Gesine Schwan vor Herausforderungen, die schwer zu bewältigen waren. Lebens- und Überlebensfragen stellten sich – unter erschwerten Bedingungen. Eine schwierige Zeit im Leben von Gesine Schwan brach an. Sie dauerte lange und war zermürbend, markierte Grenzen. Anlass, darüber ins Gespräch zu kommen, ein paar persönliche Fragen zu stellen. (M.A.)

Albus:

Dass muss doch eine unglaublich bedrückende Erfahrung für Sie gewesen sein, plötzlich damit konfrontiert zu werden, dass der Mensch, den man sehr liebt und mit dem man sehr vertraut ist, todkrank ist.

Schwan:

Ja, das war eine sehr bedrückende Erfahrung.

Albus:

Wie sind Sie damit umgegangen?

Schwan:

Im ersten Jahr unserer Ehe bekam mein Mann Krebs. Damals habe ich mich gefragt: Wie soll das gehen, wenn unsere Ehe von vorneherein von dieser Krankheit überschattet ist? Sie war es aber gar nicht! Denn der Krebs war im Anfangsstadium entdeckt und operiert worden. Sechzehn Jahre lang danach war nichts zu spüren. Wir haben völlig jenseits dieses Schattens gelebt. Als es ihm dann wieder schlechter ging, suchte er einen bekannten Arzt auf. Er sagte ihm, dass er zu viel arbeite und sich mehr bewegen sollte. Ich habe seine Beschwerden anfänglich auch nicht besonders ernst genommen. Er saß immer am Schreibtisch und arbeitete. Alles schien relativ normal zu sein.

Albus:

Aber dennoch schlich sich langsam die Angst bei Ihnen ein.

Schwan:

Ja, denn dann ging es ihm immer schlechter. Das war schon beängstigend.

Albus:

Und schließlich die Diagnose.

Schwan:

Nach zehn Monaten wurde festgestellt, dass mein Mann einen ausgewachsenen Magenkrebs hat. Das war ein furchtbarer Schlag. Das war wirklich ganz furchtbar! Ich musste gleich nach dieser Nachricht Vorlesung halten. Erst mal habe ich geheult – und bin dann doch in die Vorlesung gegangen.

Albus:

Eine Operation stand unmittelbar bevor.

Schwan:

Ja, aber es bestand immer noch ein wenig Hoffnung, vor der Gewebeuntersuchung bei der Operation, dass es vielleicht doch noch einmal behebbar ist. Aber nach dem Eingriff sagte mir der operierende Arzt, der sehr einfühlsam war, dass nichts mehr zu machen sei. Er gab uns noch eine Frist von höchstens einem Jahr.

Albus:

Mit einem Mal war alles anders.

Schwan:

Ich musste mich so zusammen nehmen wie ich es noch nie erlebt hatte. Ich konnte nicht einmal das Kinderzimmer aufräumen. Ich war innerlich wie gelähmt. Noch schlimmer war, dass meinem Mann eine andere Information über den Zustand seiner Krankheit gegeben worden war als mir. Während ich die Auskunft hatte: „Keine Hoffnung!", bekam mein Mann gesagt: „Das ist wie beim ersten Krebs, das bekommen wir in den Griff."

Als ich das von ihm hörte, ich saß ihm im Krankenzimmer gegenüber – ich werde den Augenblick nie vergessen – musste ich innerhalb einer halben Sekunde entscheiden, wie ich mit diesem Informationsdissens umgehe. Ich habe es nicht fertig gebracht, meinem Mann zu sagen: „Es stimmt nicht, was der Arzt dir gesagt hat.", Ich wollte nicht, dass sein Vertrauen in diesen Arzt verloren geht. Aber wie soll es nun überhaupt noch weitergehen, fragte ich mich.

Albus:

Mit einem Mal hatte sich alles verändert. Ein dunkler Schatten legte sich über Ihr Leben.

Schwan:

Ja. Jetzt begann die schwierigste Zeit meines Lebens. Mein Mann hatte lauter einzelne, spezialisierte Ärzte. Niemand, der das koordinierte und ihm die Wahrheit sagte. Ich musste jetzt in zwei Welten mit ihm leben. Das waren wir nicht gewohnt. Ohne dass er es merken durfte, habe ich versucht, alle möglichen Zusatzbehandlungen an Land zu ziehen, die ihm und mir noch die Hoffnung aufrechterhalten sollten, dass es wieder gut wird. Er durfte auch nicht die Dramatik spüren, die bei mir dahinter stand. Das war ganz furchtbar.

Albus:

Es hat noch ein paar Jahre gedauert, bis er dann starb.

Schwan:

Ja, er hat sich dann schneller wieder erholt als wir dachten. Ich schöpfte auch wieder Hoffnung. Ich dachte, wir gehören zu den zwei Prozent, die es geschafft haben.

Albus:

In solchen Situationen klammert man sich an den kleinsten Strohhalm.

Schwan:

Nach zwei Jahren kam während eines Urlaubs, den wir mit Kindern in der Türkei verbrachten, eine furchtbare Erfahrung mit Gallenkoliken hinzu. Mein Mann musste mit dem Flugzeug nach Berlin gebracht werden. Ich blieb mit den Kindern in der Türkei. Der Operateur rief mich an und sagte: „Frau Schwan, Glück im Unglück! Die Gallensteine sind raus. Ich habe mir auch alles andere angeschaut: Es gibt keine Metastasen!" Von da an ging es dennoch rasant abwärts.

Albus:

Wie konnten Sie diese Situation bewältigen?

Schwan:

Das kann man emotional gar nicht richtig bewältigen. In dieser Lage habe ich dann etwas erlebt, was ich nachher psychoanalytisch bearbeiten konnte: Ich habe mich, aus welchen Gründen auch immer, im Herbst 1988 innerlich von meinem Mann verabschiedet. Das war ein komplizierter Prozess, in dem ich über mich selbst sehr erschrocken war. Ich habe das als Treulosigkeit empfunden. Letztlich hat mich dieser Prozess in die Depression gebracht.

Treue und Verlässlichkeit sind für mich ganz hohe Werte. Und wenn ich mich selbst als treulos erfahre, was ich nicht war, dann wird es ausgesprochen schwierig. Aber man kann, das habe ich später gelernt, seine eigenen Gefühle nicht kommandieren, man kann nur versuchen damit umzugehen, kommandieren kann man sie nicht. Ich habe das damals von mir verlangt. Aber es ging nicht.

Albus:

Woher haben Sie in dieser Zeit, in den zerreißenden Spannungen, die Sie eben geschildert haben, Ihre Kraft bezogen, um zu überleben? Was waren Ihre Kraftquellen?

Schwan:

Ich habe viel gebetet. Und ich bin in dieser Zeit fast jeden Tag eine Stunde durch den Wald gegangen. Ich konnte ja Niemandem sagen, was sich wirklich in mir abspielte. Das war sehr schwer. Es kam hinzu, dass durch die faktisch existierende Halbwahrheit, die zwischen uns war, auch der Umgang mit den Kindern, aber eben auch mit Alexander immer schwieriger wurde. Er wurde immer magerer und schaute mich mit großen Augen an, wenn er auf der Waage stand. Was sollte ich sagen? Die Lage wurde immer schwieriger. Ein halbes Jahr vor seinem Tod wurde er nochmal operiert, damit er überhaupt noch etwas zu sich nehmen konnte.

Auch jetzt brachte ich es nicht fertig, ihm die Wahrheit zu sagen. Ich beschönigte. Ich muss dazu sagen: Schon bei seinem ersten Krebs wollte mein Mann über seine Krankheit nichts wissen. Er hat das immer an mich delegiert. Ich habe mit den Ärzten verhandelt, habe mich mit der Krankheit und den Möglichkeiten, sie zu bekämpfen, beschäftigt. Der Arzt, der ihm nicht die Wahrheit gesagt hat, ein ganz menschlicher, wunderbarer Mann, hat auf der einen Seite die Situation schwer gemacht. Aber vielleicht hatte er die Intuition, dass mein Mann die Wahrheit nicht wissen, nicht ertragen konnte. Im Nachhinein kann ich auch nicht sagen, dass das falsch war. Aber ich habe sehr darunter gelitten. Meine Kinder haben unter der Ambivalenz gelitten. Wir sprachen manchmal darüber. Sie ahnten schon, dass da etwas nicht in Ordnung war.

Ich glaube, dass es für meinen Mann letztlich der bessere Weg war. Ich weiß nicht, bei seiner Wahrheitsliebe und seinem Glauben, wie er mit der Wahrheit umgegangen wäre, wenn er sie erfahren hätte.

Sein Glaube, das stellte sich in den letzten Lebenswochen heraus, war ein sehr harter Glaube. Er hat zwar viel von der Liebe und über die Liebe gesprochen, etwa dass Gott die Liebe ist. Aber er konnte ganz schwer sterben, weil er Gott als Richter-Gott wahrgenommen hat. In den letzten Wochen, als dann auch für ihn klar war, dass er sterben muss – ich habe es ihm schließlich anstelle der Ärzte gesagt – habe ich ein-, zweimal unseren Pfarrer, der ein ganz konservativer aber zugleich herzensguter Mann war, zu ihm gebeten. Ich glaube, dass mein Mann innerlich so streng war, dass er meinte, er dürfe noch gar nicht sterben, er müsse erst zu Ende leiden. Einmal hat er zu mir gesagt, nach drei Jahren Leid: „Wie soll ich denn vor meinen Gott treten, wenn ich jetzt einfach aufhören will und er mich fragt: Warum wolltest du nicht bis zum Ende leiden, warum wolltest du nicht dein Leid auf dich nehmen?"

Albus:

Sein Kreuz tragen...

Schwan:

Ja! Sein Kreuz auf sich nehmen. – Ich habe ihm gesagt: „Wenn Gott dich das fragt, dann schieb das auf mich! Das ist mir egal. Du hast so viel gelitten. Du hast keinen Grund zu meinen oder zu sagen, dass du nicht genug gelitten hättest."

Albus:

Wir sind jetzt unmerklich aber konsequent auf das Gebiet der Religion und der Religiosität geraten. Ich bin hellhörig geworden, als Sie gesagt haben, Sie haben gebetet. Zu wem haben Sie gebetet?

Schwan:

Zu Gott.

Albus:

Zu welchem Gott?

Schwan:

Ich weiß es nicht, denn ich kann ihn nicht definieren.

Albus:

Zum Richter-Gott Ihres Mannes?

Schwan:

Nein, nein, nein! Das ist nicht meine Gottesvorstellung, nicht meine Gottesempfindung, nicht meine Gotteswahrnehmung. Ich habe auch nicht zu Heiligen oder zu Maria gebetet. Nein, direkt zu Gott. Natürlich habe ich mich damals schon und auch heute, weil ich nach wie vor bete – ich will ja meinen Verstand nicht außer Kraft setzen – immer wieder gefragt: Mit wem sprichst du denn da? Wie sagst du da was? Ist das alles eine Projektion? Was erfährst du denn da?

In der damaligen Zeit war das vielleicht noch ein wenig naiver als heute, zumal ich den Eindruck hatte, dass Gott doch hilft. Aber ich war immer der Überzeugung, wenn er nicht hilft, ist mein Glaube trotzdem da. Ich kann von Gott nicht erwarten, dass er angesichts allen Leides, das um mich herum geschieht, meinem Wunsch oder meiner Bitte folgt. Wenn ich heute bete, und ich mache das immer wieder, nicht zuletzt, weil ich nachts oft wach liege, dann besinne ich mich in der Ruhe und Stille der Nacht darauf, woraus ich lebe, wo meine innerste Quelle ist.

Letztlich kann ich nicht sagen zu welchem Gott ich bete oder zu wem ich da spreche. Bisher habe ich immer gefunden: Da ist etwas! Die Alternative wäre, dass ich ins Leere spreche, da hinein, wo definitiv nichts ist.

In Linz gibt es ein Technikmuseum. Dort wird simuliert, dass man ins Weltall kommt. Die Himmel werden immer weiter und größer. Das hat mich sehr beeindruckt, weil beide Vorstellungen, wenn man sich einmal mit Kant befasst hat, sehr schwierig sind: Die Endlichkeit und die Unendlichkeit – beides kann man sich eigentlich nicht vorstellen. Die Vorstellung, dass da gar nichts ist und man ins Leere kommt, kann ich mir natürlich theoretisch machen.

Albus:

Diese Vorstellung gibt es auch in der theologischen Tradition.

Schwan:

Aber sei es aus Angst, dass ich mich dann verloren fühle oder aus der Hoffnung, dass da doch etwas ist, gehe ich nicht davon aus, dass da nichts ist. Wenn ich versuche, mich im Sinne meines empirischen Vaters zu verhalten, dann kann ich wenigstens so viel sagen, dass öfters im Leben Dinge ganz anders geworden sind, als ich sie mir gewünscht habe.

Ich will nicht sagen, dass mir diese anders gelaufenen Dinge „zum Heil" geworden sind – dass ich dadurch Heil erfahren habe. Es gibt aber viel härteres Leid in diesem Leben, als ich es erfahren musste. Dagegen hatte ich es unendlich viel besser.

Summa summarum: So schwer die Zeit war und so früh mein erster Mann auch sterben musste, er war ja erst 58 Jahre alt, bin ich dankbar für das, was ich mit ihm erfahren habe. Mein Leben hat Wendungen genommen, die für mich völlig unerwartet waren. Ich hoffe, dass ich das auch später nicht vergesse. Es hat immer wieder Situationen gegeben, in denen die Dinge ganz anders gelaufen sind, als ich erwartet habe, auch positiv ganz anders als erwartet, in denen ich ein unglaubliches Glück erfahren habe. Ich hoffe, dass ich bei einer Leiderfahrung, die immer kommen muss, die Kraft habe, das Leid auf mich zu nehmen und durchzustehen. Ich weiß, dass es nicht absolut hoffnungslos werden muss. Und wenn es innerweltlich nicht ganz hoffnungslos werden kann, warum kann es nicht auch transzendent anders werden!?

Michael Albus

Zeit der Prüfung – menschliches Leid und die Frage nach Gott

Wer jemals solch zerreißenden Spannungen wie Gesine Schwan während der tödlichen Erkrankung ihres Mannes ausgesetzt war, kann ahnen, welche schwere Last in dieser Zeit auf ihr lag. Manche verstummen darin und geraten in einen Strudel des Untergangs.

Die Frage nach dem Leid, wenn es existentiell unausweichlich wird, führt geradewegs zur Frage nach einem Gott, der dieses Leid zulässt und dessen Geschick dem Menschen dunkel und abgründig erscheint.

Erstaunlich, dass Gesine Schwan sich nicht der Verzweiflung überlassen hat, dass sie nicht fatalistisch reagierte, sondern die Kraft fand, Stand zu halten. Wenn auch mit der Folge, dass sie danach in eine tiefe Depression fiel. Dass sie dennoch betete und hoffte, wirft ein Schlaglicht auf ihre Religiosität, auf ihren Glauben. Da war dennoch etwas und nicht nichts. Was, vermag sie selbst nicht zu sagen, so wenig wie sie eine Aussage über Gott machen kann. Am Ende hat sie es geschafft, über die Grenze zu kommen, wieder Mut zu fassen. Zahllose andere sind daran zu Grunde gegangen.

Angesichts des Leids verstummen wohlfeile Erklärungsversuche, erweisen sich leichtfertige Antworten, dahin- oder dahergesagte Formeln als leer und inhaltslos. Nüchtern zu bleiben angesichts einer solchen Erfahrung fällt schwer. Gesine Schwan ist verzweifelt nüchtern geblieben.

DU GIBST UNS SCHWACHEN KRAFT UND MUT

Komm Heilger Geist der Leben schafft
erfülle uns mit deiner Kraft.
Dein Schöpferwort rief uns zum Sein:
Nun hauch uns Gottes Odem ein.

Komm Tröster der die Herzen lenkt
du Beistand den der Vater schenkt;
aus dir strömt Leben Licht und Glut
du gibst uns Schwachen Kraft und Mut.

Dich sendet Gottes Allmacht aus
im Feuer und in Sturmes Braus;
du öffnest uns den stummen Mund
und machst der Welt die Wahrheit kund.

Entflamme Sinne und Gemüt,
dass Liebe unser Herz durchglüht
und unser schwaches Fleisch und Blut
in deiner Kraft das Gute tut.
Die Macht des Bösen banne weit,
schenk deinen Frieden allezeit.
Erhalte uns auf rechter Bahn
dass Unheil uns nicht schaden kann.

Lass gläubig uns den Vater sehn
sein Ebenbild den Sohn verstehn
und dir vertraun der uns durchdringt
und uns das Leben Gottes bringt.

Den Vater auf dem ewgen Thron
und seinen auferstandnen Sohn
dich Odem Gottes, Heilger Geist
auf ewig Erd und Himmel preist.

Meine Themen des Lebens und des Berufs

Klarheit ist ein zentraler Punkt

Ich habe nie nur ein Thema gehabt, an dem ich Zeit meines Lebens drangeblieben bin. Es hat mich nach einer Weile immer getrieben, etwas anderes zu machen. Immer etwas mit anderen zusammen, nie nur für mich.

Das erste meiner Themen war meine Doktorarbeit in Philosophie über Leszek Kolakowski. Das war ein Glücksfall für mich, an dem mein Doktorvater Wilhelm Weischedel großen Anteil hatte. Er hatte mir glücklicherweise, zur Alternative stand Theodor Adorno, zu Kolakowski geraten. Bei Kolakowski war mir wichtig, dass er sich sehr intensiv mit Fragen der Religionsphilosophie auseinander gesetzt hatte. Zunächst sehr abwehrend, als kommunistisches Parteimitglied. Dann aber ganz anders und positiv-aufnehmend. Ich habe ihn dann gut kennen gelernt und wir waren ganz lange miteinander befreundet. Leszek Kolakowski ist ja erst 2009 gestorben. Bei seinem 80. Geburtstag sind wir mit seiner Frau Tamara in der Küche gesessen und haben intensiv diskutiert. Das war eine sehr enge und freundschaftliche Beziehung.

Religionsphilosophische und theologische Fragen haben mich immer bewegt. Sie werden mich auch weiter bewegen. Wenn ich zum Beispiel etwas lese über die Vorstellungen der Gnade bei Juden, Christen und Muslimen, bin ich sofort elektrisiert. Solche gemeinsamen Fragen finde ich schön und interessant. Artikel darüber hebe ich mir für die Ferien auf. Das ist die

Kür. Andere Themen sind Pflicht. Diese Verbindung ist ein Basso continuo in meinem Leben. Im Rahmen der Legitimations- und der Orientierungsfrage ist das letztlich die Gewissensfrage: Wie kann ich das, was ich tue rechtfertigen? Ich will handeln. Ich weiß, dass Nichthandeln auch Handeln ist. Wie kann ich mein Handeln rechtfertigen?

Meine erste Stelle hatte ich als Assistenzprofessorin für „Theorien des Sozialismus". Das lag mir nahe. Ich habe nie von Sozialismus gesprochen, spreche bis heute nur von Sozialdemokratie, weil der Demokratie mein Engagement gilt. Sie muss gleichsam sozial gefüllt werden. Daraus haben sich viele Anschlussthemen ergeben, sowohl theoretisch-philosophisch als auch ökonomisch. Ich habe mich ausgiebig mit Planwirtschaft befasst, mit Systemen der Wirtschaftsordnung, mit Wertschöpfungstheorien. Die Themen wurden immer breiter und ich bin dadurch immer mehr ins Wühlen gekommen. Das war meine Zeit als Assistenzprofessorin von 1971 bis 1977. 1977 habe ich eine Professur für Politikwissenschaft, für Politische Theorie, an der FU Berlin angetreten. Ich hatte das große Glück, dass ich nie einem Professor zu- oder untergeordnet war. Ich konnte völlig frei arbeiten. Ich hatte ja meinen privaten Professor, meinen Mann. Glücklicherweise hatte ich nie in meinem Leben einen Vorgesetzten, nie, nie, nie! Daran merke ich wie anarchistisch ich bin. Ich will auch keinen Vorgesetzten haben.

Als ich dann Präsidentin der Europa-Universität Viadrina in Frankfurt an der Oder war, habe ich erfahren, dass man bei einer solchen Aufgabe, auch als forschender Einzelprofessor, nur im Team etwas erreichen kann. Aber das ist etwas anderes als Unterordnung. Mir Befehle abzuholen oder zu kalkulieren: Wie steht der Vorgesetzte jetzt zu dem oder jenem? Das ist mir völlig fremd. Ich habe es als Gnade in meinem Leben erfahren, dass ich mich beruflich nie einer Person, wenn auch natürlich Regeln, unterordnen musste.

Immer wieder Denkabenteuer

Ich konnte mir die Themen aussuchen

Das Wunderbare an meinem Beruf war, dass ich mir die Themen aussuchen konnte, über die ich arbeite. Es gab natürlich auch Pflichtveranstaltungen. Die habe ich gerne gemacht. Die Zusammenarbeit mit den jungen Leuten empfand ich immer als kreativ. Kein Problem!

Das Kreative an meinem Professorenberuf ist, immer wieder ein Denkabenteuer zu haben. Nicht nur Altes und Bekanntes abzuspulen, sondern immer wieder zu neuen Arbeits- und Denkfeldern aufzubrechen. Zum Beispiel: Europa, Dritter Weg. Wichtig waren im Zusammenhang mit der persönlichen Erfahrung der Schuld die Forschungen dazu. Zum Beispiel das Forschungsprojekt mit Franzosen und Polen über die Veränderung einer diktatorischen politischen Kultur hin zu einer demokratischen. Das war neu. Wir hatten ja bis dahin in der Geschichte der politischen Theorien immer nur Verfallsgeschichten. Die politische Kulturforschung hat mich in meinem Denken sehr geprägt.

Wichtig war auch das Anschlussthema „Tiefenpsychologie". Ich habe erst spät angefangen, Sigmund Freud zu lesen. Mit großem Vergnügen und mit großem Interesse. Wissend, dass man nie einer Theorie einfach anheim fallen darf, dass jede ihre Tücken und bezweifelbaren Voraussetzungen hat. Ich würde nie einfach eine Freudianerin werden. Aber es hat mich interessiert, wie Freud psychische Zusammenhänge interpretiert.

Ich erinnere mich an den letzten Urlaub mit meinem verstorbenen Mann in Italien 1989. Die Familie meines Schwagers war auch dabei. Mein Schwager ist Germanist. Wir setzten uns morgens in den Schatten und lasen. Das war unser „Trainingslager" wie mein Schwager sagte, der ein großer Fußballfan ist. Ich las in dieser Zeit die „Blechtrommel" von Günter Grass, aber dann auch den 1989 gerade herausgekommenen katholischen Erwachsenenkatechismus – und Freud. Ich fand, dass der katholische Erwachsenenkatechismus und Sigmund Freud sehr gut zusammen passten. Sie waren komplementär für mich. Das mag zunächst ein bisschen verrückt klingen. Aber ich will es begründen: Freud mutet ja seinen Leserinnen und Lesern zu, in die eigenen Abgründe zu schauen – und die sind nicht immer appetitlich. Weder vor dem Hintergrund traditioneller Moral, noch vor der Frage der Sexualität. Man muss Freud nicht folgen. Aber mich beeindruckt sein unglaublicher Impetus zur Wahrhaftigkeit. Der gefällt mir. Das ist sozusagen „mein Bier".

Wenn man nicht vor sich selbst zurückschrecken oder erschrecken will über den Abgrund, der sich in einem auftut, wenn man sich schonungslos anschaut; und wenn man nicht völlig orientierungslos werden will, weil die ganze herkömmliche Moral diskreditiert wird, steht man vor der Frage: Kann ich mich denn auf etwas in mir im Sinne der Aufklärung verlassen? Sowohl auf meine Intuition wie auch auf meine Gefühle? Von meinem Vater her war ich aufklärungsorientiert. Das war ja Freud auch.

Der katholische Erwachsenenkatechismus war für mich wichtig, weil er die Grundidee, weswegen ich mich als Erwachsene nach der Beschäftigung mit evangelischer Theologie katholisch habe taufen lassen, nochmal explizierte: Die thomistische Idee, die für mich wichtig ist, dass die Natur von der „Erbsünde" nicht total verderbt ist, dass wir auch auf unsere

Vernunft und auf unsere Natur, auf unsere Regungen und Empfindungen vertrauen können.

Selbst wenn wir Abgründe in der Natur entdecken, ist das immer noch ein gutes Schöpfungswerk. Ich muss nicht verzweifeln an meinen Abgründen, sondern ich kann damit umgehen. Ich kann trotzdem positiv zu mir stehen. Ich kann meine Gefühle erst einmal zulassen, sie mir bewusst machen und dann natürlich auch darüber entscheiden, wie ich mit ihnen umgehe. Aber ich muss mich nicht verurteilen, weil ich angeblich vom Teufel völlig verderbt wäre und dadurch ins Bodenlose, in meinen Abgrund falle. Das will ich nicht. Ich habe keinen Anlass, mich als von Grund auf verderbt anzusehen.

Ich bin ziemlich einfach veranlagt, z.B. bin ich hoffnungslos heterosexuell, und habe das Glück gehabt, zwei Ehen geführt zu haben bzw. die zweite noch zu führen, die man jeweils für sich als gelungen ansehen kann, mit allen menschlichen Einschränkungen. Ich bin nicht in existentiell bedrohlichen Schwierigkeiten und Zerrissenheiten untergegangen. Dabei gebe ich zu, dass Klarheit für mich in jeder Situation immer ein zentrales Ziel war – vielleicht aus Angst vor dem Abgrund. Das will ich gar nicht leugnen. Das kreide ich mir nicht an.

Ich habe das Vertrauen, dass Gott eine Natur geschaffen hat, die zwar ganz schön daneben gehen kann, die aber nicht von vorneherein verderbt ist. Das wäre fatal. Dann könnte ich nur noch misstrauisch und zynisch mir selbst und dem anderen, der ganzen Schöpfung begegnen. Die Demokratie lebt davon, dass man Vertrauen haben kann.

Jetzt mache ich einen Sprung.

Dass die Europäische Union im Augenblick in die größte Krise kommt, liegt daran, dass wir seit Jahren misstrauische Politikerinnen und Politiker haben. Und nicht daran, dass die Griechen ihre Schulden nicht bezahlen können!

Der Fall Griechenland

Etwas gemeinsam bewirken gelingt nur, wenn man es freiwillig macht

Vorbemerkung

Als dieses Buch entstand, war die Griechenlandkrise gerade auf einem Höhepunkt. Gesine Schwan wollte zu diesem Zeitpunkt weniger die aktuelle politische Lage kommentieren. Sie wollte am Beispiel dieser Krise, die ja alles andere als nur eine Geldkrise war, ist und sein wird, auf grundsätzliche Aspekte eingehen. Etwa auf die Mentalität der handelnden oder nicht handelnden Politikerinnen und Politiker und ihre Vorurteile, die das Handeln oder Nichthandeln bestimmen. Sie wollte deutlich machen, welche Motive für die „Mächtigen" aus ihrer Sicht leitend waren und sind, welche Haltung sie selbst bei der Beurteilung der Vorgänge einnimmt. Am Beispiel „Griechenland" wird erkennbar wie Gesine Schwan denkt und welche praktischen Konsequenzen aus ihrem Denken erwachsen. (M.A.)

Die Zuspitzung der europäischen Krise kommt nicht von ungefähr. Mit der Feststellung, dass die handelnden Politiker und Politikerinnen von Misstrauen geleitet sind, meine ich erst einmal, dass seit Jahren in der Europäischen Union die Notwendigkeit, die gemeinsame Währung wirtschafts-, finanzpolitisch und auch politisch zu koordinieren, von der deutschen Bundesregierung, und da speziell von der Bundeskanzlerin, auf dem Weg juristischer Regeln und Erzwingungsmöglichkeiten verfolgt wird. Dahinter steckt meines Erachtens die Annahme, dass Menschen freiwillig nicht kooperieren, dass man sie zwingen muss. Oberflächlich klingt das erst einmal plausibel: Man muss etwas erzwingen, damit es stattfindet. In der Erziehung ist das die traditionelle autoritäre Linie.

Ich komme von der anderen Seite und meine: Etwas wirklich gemeinsam bewirken kann man nur, wenn man es freiwillig macht, nicht, wenn man es erzwingt. Das Erzwingen kommt daher, dass kein Vertrauen in die Menschen besteht, zu kooperieren. Dass man natürlich auch rechtliche Regeln braucht, ist klar. Das ist unbestritten.

Die Position des Erzwingens ist ein fundamentaler Konstruktionsfehler der Politik, die in den letzten Jahren ganz massiv von der deutschen Bundesregierung betrieben worden ist. In den Federalist Papers, in denen drei Amerikaner 1787/88 über die Prinzipien ihrer Verfassung debattiert haben, ist das Gegenmodell zu finden. Die Amerikaner behandeln darin immer wieder die Frage: Wie kann man vermeiden, dass sich egoistische oder partikularistische Interessen durchsetzen? Wie kann man Machtmissbrauch verhindern? Und sie kommen zu dem Schluss, dass man institutionell weder das Gute erzwingen, noch das Böse gänzlich verhindern kann. Sondern dass in letzter Instanz „above all, the vigilant and *manly spirit* which educates the *people* of America – a *spirit* which nourishes freedom, and in return is nourished by it" (Madison 57) die Republik vor dem Scheitern bewahren muss. Immer wieder wird die Aussage von Immanuel Kant dagegen gesetzt, dass man eine Friedensregelung auch für ein „Volk von Teufeln" finden müsse. Kant fügt allerdings hinzu: „(...) wenn sie nur Verstand hätten". Dieser kleine Nebensatz wird meistens weggelassen. Und dieser nimmt Bezug auf den kategorischen Imperativ. Wenn man diesen Imperativ mit einbezieht, dann ist das „Volk von Teufeln" wieder etwas ganz anderes. Dann handelt es vernünftig nach dem Motto: „Handle nur nach derjenigen Maxime, durch die du zugleich wollen kannst, dass sie ein allgemeines Gesetz werde." Natürlich müssen wir immer mit dem Bösen rechnen.

Aber wir werden, so sagen die Amerikaner in den Federalist Papers, keine Republik aufbauen können, wenn wir nur mit dem Bösen rechnen. Ein freies, republikanisches Zusammenleben gibt es nur, wenn man auf ein leichtes Übergewicht baut, dass Menschen zusammenfinden: Das ist kein naives, optimistisches Menschenbild, eher ein skeptisches, aber eben mit dem leichten Übergewicht, mit dem grundlegenden Vertrauen, dass sie doch zusammenfinden können.

Dieses leichte Übergewicht fehlt unseren gegenwärtig führenden Politikern – und insbesondere der Bundeskanzlerin Angela Merkel. Sie trägt für die ganze, zunehmend schwierige Entwicklung in Europa eine riesige Verantwortung. Das leichte Übergewicht des Vertrauens fehlt aber auch ihrem Milieu. Es ist, wie auch das des Finanzministers Wolfgang Schäuble, ganz und gar juristisch bestimmt von der Prämisse: Wir müssen den richtigen Weg kontrollieren und erzwingen können.

Aus meiner Sicht, führt eine solche Politik, die sich mit Erzwingung scheinbar auf die sichere Seite begibt, ins Chaos. Man kann eine ganze Menge erzwingen, aber das Gelingen einer freiheitlichen Demokratie und einer freiheitlichen Europäischen Union eben nicht.

Griechenland ist im Augenblick das kathartische, das reinigende Moment im Drama, weil das Leiden riesig ist. Niemand kann bestreiten, dass die Griechen mehr in ihrem Haushalt gekürzt haben als alle anderen, dem so genannten Reformprogramm unterworfenen europäischen Staaten. Es ist ein Irrtum zu glauben, dass das strikte Einhalten von Verträgen, „pacta sunt servanda", das Weitermachen wie bisher, Griechenland ökonomisch weiterhelfen kann. „Die müssen!", „Die brauchen unser Geld!" ist eine Erpresser-Blockadehaltung, die nicht weiter führt.

Akut läuft die nächste Stufe des Dramas: Offensichtlich können die Institutionen die inhaltliche Plausibilität der Argumente von Yanis Varoufakis und Alexis Tsipras nicht bestreiten. Deswegen lassen sie sich gar nicht auf deren Argumentation ein, dass ein Weg aus der Misere nur über drei fundamentale Schritte geht: Erstens über eine Umschuldung, damit die Griechen wieder atmen können. Zweitens über private Investitionen mit Perspektive, über Wachstum. Drittens über wirkliche Reformen der Verwaltung, des Steuersystems, der Sozialversicherungen, des Rentensystems, etc.

Die Institutionen (ehemals Troika) wollen es beim Alten belassen. Und sie haben von Anfang an den Dissens personalisiert. Zuerst haben sie gesagt: Die Griechen machen ihre Schularbeiten nicht! Sie haben nicht gesagt: Die haben eine andere Meinung! Dann haben sie zugespitzt und personalisiert: Finanzminister Varoufakis ist unerträglich: Er fährt Motorrad, er trägt keinen Schlips und sein Hemd hängt über die Hose. Sie haben gefordert, dass er zurückgezogen werden muss. Er wurde erst einmal nicht zurückgezogen. Er war immerhin einer der beiden Strategen der neuen griechischen Politik.

Die Institutionen, EU, EZB IWF, haben sich völlig verkalkuliert in der inneren Stärke der beiden Haupakteure Varoufakis und Tsipras. Die Institutionen sind es in ihrer Art weitgehend wahlopportunistisch Politik zu betreiben, gar nicht mehr gewohnt, dass jemand Härten aushält, es aushält, ständig gedemütigt in die Ecke gestellt zu werden, weil er einer inneren politischen Überzeugung folgt. Diese Institutionen reden jetzt hilflos nur noch von „Ideologie" oder „Verantwortungslosigkeit der Griechen". Ideologie, sagen sie, ist ein falsches Bewusstsein.

Ich habe Yanis Varoufakis mehrfach persönlich erlebt, habe ihn auch nach Berlin eingeladen: Er antwortete in der öffentlichen Veranstaltung in der Friedrichsstadtkirche ruhig, höflich, sachlich und kenntnisreich auf jede Frage. Meines Erachtens hat er eine völlig durchdachte, marktwirtschaftliche Strategie. Die misstrauische Politik der Institutionen will nicht auf das Gegenmodell eingehen, das Varoufakis immer wieder vorzuführen versucht hat und das in der Aufforderung gipfelt: Lasst uns positiv einen neuen Anfang machen! Sie wollten ihn mit dem Vorwurf lächerlich machen, er halte den europäischen Finanzministern Vorlesungen.

Was ich interessant finde: Die Institutionen trauen sich nicht, offen zuzugeben: Wir bleiben dabei, die Griechen müssen so weiter machen wie bisher. Sie lügen, wenn sie behaupten, den Griechen mit anderen Angeboten entgegengekommen zu sein, zum Beispiel mit dem Angebot einer Umschuldung. Es ist ganz schwer, an die einschlägigen Dokumente heranzukommen. Ich habe einige auf meinem Rechner, weil ich gute Beziehungen zur griechischen und zur deutschen Regierung habe, und ich lese sie sehr genau, auch im Sinne möglicher Einwände. Die Institutionen haben das nicht angeboten, was sie behaupten, angeboten zu haben. Ich habe noch nie eine so gigantische Verlogenheit erlebt wie in diesem Fall.

Der Punkt ist: Die Institutionen wollen die Griechen nicht selbständig werden lassen. Sie wollen sie zwingen, weiterhin Austeritätspolitik zu betreiben, weil sie nicht zugeben wollen, dass sie sich damit geirrt haben – das ist ja auch hart. Die Institutionen wollen die Griechen unter Kuratel halten. Sie trauen ihnen nicht.

Hinzu kommt noch, dass sowohl die Konservativen, als auch die Sozialdemokratie in ihrem jetzigen Zustand, die regierenden griechischen Politiker als Linksextreme definieren. Und sie wollen auf keinen Fall, dass die sogenannten Linksextremen in Spanien, wo bald Wahlen anstehen, Erfolg haben. Sie befürchten, dass der „griechische Virus" auf Spanien überspringen könnte. Sie wetten darauf, dass sie die Griechen über Diskreditierungen – Chaos im Land! – so kaputt machen, dass die Menschen sich gegen ihre Regierung wenden. Darauf wettet jetzt unsere Regierung, weil sie sich nicht vorstellen kann, dass die griechische Gesellschaft trotzdem zu ihrer Regierung steht, weil sie zu ihr, im Gegensatz zur vorangegangenen, Vertrauen hat.

Diese Wette zwingt sie offenbar, vor der deutschen und der europäischen Öffentlichkeit die Unwahrheit zu sagen. Sie kommen nicht mehr durch, wenn sie weiter offen auf ihrer bisherigen inhaltlichen Position bestehen. Deswegen fangen sie an, das Blaue vom Himmel zu erzählen. Ein Beispiel dafür ist der früher von mir sehr geschätzte FDP-Europaabgeordnete Alexander Graf Lambsdorff mit seinen Tiraden gegen die beiden Spitzenpolitiker Varoufakis und Tsipras. Aber solche Tiraden haben keine sachlichen Gründe. Ausgehend von Misstrauen verketten sich die Institutionen in immer mehr Unwahrheit, in immer mehr Zerstörung.

Ich finde das analytisch hoch spannend: Wenn man nicht mehr gegenüber dem politischen Kontrahenden das Wagnis einer Vertrauensvorgabe eingeht, wird man offenbar immer mehr gezwungen, zum Beweis seiner Glaubwürdigkeit Unwahrheiten zu sagen, was das Chaos fördert. Das finde ich wirklich spannend – und entlarvend. Was sich gegenwärtig abspielt ist ein Psychodrama.

Für mich ist nicht klar wie das Ganze ausgeht. Für beide Seiten steht sehr viel auf dem Spiel.

Die Haltung der SPD

Leben in einer Scheinwelt

Das Problem liegt auch bei der SPD. Sie hat theoretisch, mit vielen überzeugenden Gründen, eine lange Zeit gegen die Austäritätspolitik argumentiert. Und nun beschimpfen Spitzenvertreter die griechische Regierung, weil diese die Austeritätspolitik nicht fortsetzen will. Das ist ein solcher Widerspruch, dass ich nicht sehen kann wie das weitergehen soll. Aber ich würde nie auf die Idee kommen, aus der SPD auszutreten. Ich bin lebensgeschichtlich zu lange mit ihr verbunden. Und ich empfinde es als einen Dienst an der SPD, das öffentlich zu sagen, was ich als Wahrheit erkennen kann, auch wenn es ganz und gar im Gegensatz zur aktuellen Politik der Parteiführung steht.

Eine Chance für die SPD besteht in der Zukunft nur dann, wenn sie ihre Seele nicht verkauft, wenn sie die Grundwerte Solidarität, Gerechtigkeit und Freiheit mit Wahrheitsliebe verbindet und ihr Handeln oder Nichthandeln nicht reinen Opportunitätsgründen im Blick auf kommende Wahlen unterordnet. Leider aber ist genau das gegenwärtig der Fall. Die SPD lebt in dieser Frage in einer Scheinwelt. Wenn ich gesagt bekomme, mehr als die SPD konnte man sich gegenüber der griechischen Regierung nicht öffnen, dann kann ich nur noch fragen: Wo leben die? Wo gibt es irgendein Zeichen der Öffnung? Da schwingt eine Grausamkeit mit, die ich mit der Sozialdemokratie, in die ich vor mehr als 40 Jahren eingetreten bin und in der ich bleiben werde, nicht mehr zusammenbringen kann. Ich weiß, dass es viele Sozialdemokraten gibt, die wie ich darüber erschrocken sind.

Zu den Hauptbotschaften meiner Eltern gehörte: Nie mit den Wölfen heulen! – Noch einmal: Nie mit den Wölfen heulen!

Immanuel Kant

VOM GESCHMACKE ALS EINER ART VON SENSUS COMMUNIS

(...) Folgende Maximen des gemeinen Menschenverstandes als Teile der Geschmackskritik, können zur Erläuterung ihrer Grundsätze dienen. Es sind folgende: 1. Selbstdenken; 2. An der Stelle jedes andern denken; 3. Jederzeit mit sich selbst einstimmig denken. Die erste ist die Maxime der vorurteilfreien, die zweite der erweiterten, die dritte der konsequenten Denkungsart. Die erste ist die Maxime einer niemals passiven Vernunft. Der Hang zur letztern, mithin zur Heteronomie der Vernunft, heißt das Vorurteil; und das größte unter allen ist, sich die Natur Regeln, welche der Verstand ihr durch sein eigenes wesentliches Gesetz zum Grunde legt, als nicht unterworfen vorzustellen: d. i. der Aberglaube. Befreiung vom Aberglauben heißt Aufklärung; weil, obschon diese Benennung auch der Befreiung von Vorurteilen überhaupt zukommt, jener doch vorzugsweise (in sensu eminenti) ein Vorurteil genannt zu werden verdient, indem die Blindheit, worin der Aberglaube versetzt, ja sie wohl gar als Obliegenheit fordert, das Bedürfnis von andern geleitet zu werden, mithin den Zustand einer passiven Vernunft vorzüglich kenntlich macht. Was die zweite Maxime der Denkungsart betrifft, so sind wir sonst wohl gewohnt, denjenigen eingeschränkt (borniert, das Gegenteil von erweitert) zu nennen, dessen Talente zu keinem großen Gebrauche (vornehmlich dem intensiven) zulangen. Allein hier ist nicht die Rede vom Vermögen des Erkenntnisses, sondern von der Denkungsart, einen zweckmäßigen Gebrauch davon zu machen: welche, so klein auch der Umfang und der Grad sei, wohin die Naturgabe des Menschen reicht, dennoch einen Mann von erwei-

terter Denkungsart anzeigt, wenn er sich über die subjektiven Privat-
bedingungen des Urteils, wozwischen so viele andere wie eingeklam-
mert sind, wegsetzt, und aus einem allgemeinen Standpunkte (den er
dadurch nur bestimmen kann, daß er sich in den Standpunkt anderer
versetzt) über sein eigenes Urteil reflektiert. Die dritte Maxime, nämlich
die der konsequenten Denkungsart, ist am schwersten zu erreichen,
und kann auch nur durch die Verbindung beider ersten, und nach einer zur Fertigung gewordenen öfteren Befolgung derselben, erreicht
werden. Man kann sagen: die erste dieser Maximen ist die Maxime
des Verstandes, die zweite der Urteilskraft, die dritte der Vernunft. (...)

Ein Weg aus der Krise

Umschuldung und Investitionen

Mein Ansatz für die Lösung der gegenwärtigen Krise in Europa ist ganz einfach. Ich würde das zweite Hilfspaket für Griechenland, das ja noch mehrere Jahre andauern kann, zu Ende bringen mit einer Umschuldung. Ich weiß aus internen *Beobachtungen* der Bundesregierung, dass das möglich und sinnvoll ist. Und ich würde die Reformanliegen, die die Griechen vorgeschlagen haben, es sind echte und schwierige Reformen, zu Ende bringen. Das braucht Zeit. Ich habe einmal an meiner Europa-Universität Viadrina eine Verwaltungsreform durchgeführt, sie hat viereinhalb Jahre gedauert. Die Universität Mainz hat eine preisgekrönte Verwaltungsreform umgesetzt, die siebeneinhalb Jahre gedauert hat.

Man wirft der griechischen Regierung vor, dass sie nicht die Steuerflüchtigen belangt hat. Wie soll sie das denn – noch dazu in der knappen Zeit und unter dem Damoklesschwert der Insolvenz – machen, da diese alle ihre Gelder im Ausland deponiert haben? Das ist alles so verlogen.

Und dann würde ich alles dafür tun, dass privat wie öffentlich investiert wird. Diese drei Punkte sind wichtig: Umschuldung, Investitionen und echte Reformen. Damit ist eine Lösung möglich – mit dem entsprechenden Einsatz und der notwendigen Geduld. Die Institutionen haben schon so viel zerstört, dass es schwer werden wird, Investoren zu finden. Dazu kommen noch viele kleinere Einzelschritte. Das wäre, aus meiner Sicht, ein mögliches Verfahren, um aus der Misere herauszukommen. Ein Gegenargument, das ich häufig zu hören bekomme, heißt: „Du kannst „denen" doch nicht vertrauen, dass sie wirklich Reformen wollen, bisher haben sie sie ja auch nicht durchgeführt!"

Die neue griechische Regierung ist nicht verbandelt mit den Oligarchen. Und sie genießt trotz der Schwierigkeiten weiter Vertrauen in der Gesellschaft. Daraus ergibt sich auch eine neue Chance. Und wenn man dann ernst nimmt: Die OECD, die ILO, die Weltbank wollen mitmachen, dann müsste es möglich sein! Das sind doch Zeugeninstitutionen, die die Glaubwürdigkeit der griechischen Reforminitiativen stärken könnten. Ich habe von Yanis Varoufakis innerhalb eines Tages die bereits vorbereiteten Reformschritte, ein Papier von 43 Seiten, mitgeteilt bekommen. Es gibt sie. Sie sind da. Die Institutionen wollen sie nicht zur Kenntnis nehmen! Der Grund dafür ist primitiv-politisch: Die Institutionen wollen nicht, dass die Linken Erfolg haben! Obwohl alle wissen, auch in Spanien und Portugal dass die bisherige Austeritäts-Politik kontraproduktiv ist. Diese entschiedene Unehrlichkeit ist das Hauptproblem. Dafür setzen sie die ganze europäische Konstruktion auf's Spiel, dafür pflegen sie Vorurteile nach Strich und Faden, säen Hass und Zwietracht. Wie kommen wir da weiter?

Für mich ist wichtig, dass ich mich in Deutschland mit allen vernetze, die kritisch denken. Eine große öffentliche Bewegung ist in Deutschland dafür gegenwärtig aber wohl leider nicht in Gang zu bringen. Die Gesellschaft in unserem Land ist medial weitgehend irregeführt und von Vorurteilen bestimmt. Trotzdem müssen „wir" aufrechterhalten und öffentlich weiter aussprechen, was wir als Wahrheit erkennen. Ich weiß nicht, ob ich das auf die Dauer schaffe. Es ist schwer, in solch einer verhetzten Situation ruhig bei der eigenen Überzeugung zu bleiben, so, dass die Botschaft die Menschen erreicht. Aber ich werde es versuchen – dennoch! Ich glaube daran, dass in unserem freiheitlichen System Lügen nicht auf Dauer bestehen bleiben können. Es wird herauskommen, dass das, was bestimmte Politiker über die griechische Regierung gesagt haben, nicht gestimmt hat. Eine große Delegitimation ihrerseits wird die Folge sein.

In diesem ganzen Geschehen spielt auch mein Glaube eine wichtige Rolle. So ungreifbar wie die Wahrheit, so ungreifbar wie der liebe Gott ist: Ich versuche mich danach zu richten. Wenn ich das nicht tue, verliere ich meinen Kompass. Das hätte ganz viele negative Folgen.

Wer so ungeniert die Unwahrheit sagt, falsche Behauptungen in die Welt setzt und Menschen verurteilt, die in meiner Sicht durchaus mit Respekt zu behandeln sind, der wird in der Gesellschaft, in der wir jetzt leben, auf die Dauer nicht bestehen können. Wir leben nicht in der Sowjetunion, nicht im Stalinismus. Wir leben in einem freiheitlichen System. Das Ganze ist nicht zuletzt eine Gewissensfrage.

Gewissen hat mit Wissen zu tun

Schweigen kann ich nicht

Für mich ist Gewissen etwas, was mit Wissen zu tun hat, und mit Selbstreflexion. Das heißt: Zu dem zu stehen, was man nach Maßgabe aller gegebenen Möglichkeiten wissen, mit sich selbst abklären und aussprechen kann. Das ist für mich zentral. Ich gestehe, dass ich, angesichts der Krise in Europa, aus Gewissensgründen nicht schweigen kann. Ich bin ja kein fünfjähriges, kleines Mädchen, sondern in der Position, häufig öffentlich gefragt zu werden. Wenn ich es mir einfach machen würde und schwiege, würde ich das nicht aushalten.

Einer der Gründe, warum ich nicht schweigen kann ist auch, dass ich die Entwicklung seit Wochen vorhergesehen, der Parteiführung mitgeteilt und in vielen Veröffentlichungen darauf hingewiesen habe, dass die leichtfertigen Reden über den Grexit einfach nicht zulässig sind. Die Griechen leisten einen Widerstand, den die Vertreter der Institutionen nicht erwartet haben. Sie haben massive Gegenwehr bekommen. Ich möchte wenigstens für die Zeit danach, was immer jetzt vielleicht an Chaotischem geschieht, etwas öffentlich ausgesprochen haben, was vielleicht nicht richtig ist, was ich aber nach bestem Wissen und Gewissen zu sagen für notwendig gehalten habe.

Mit dieser Haltung habe ich schon eine vorauslaufende Erfahrung während der zweiten Phase der Entspannungspolitik. Da war ich auch eine Außenseiterin in der SPD, weil ich gesagt habe: Es ist richtig, mit den kommunistischen Regierungen zu verhandeln, aber zugleich müssen wir mit den Dissidenten reden, wir müssen sie auch ermutigen. Ich habe hochstehende Parteivertreter gebeten, Bronislaw Geremek in Polen zu besuchen – vor 1989. Sie haben das, von Ausnahmen wie Hans Koschnik abgesehen, nicht gemacht. Die Folge war, dass die SPD in Polen über zwanzig Jahre lang nicht als befreundeter Partner anerkannt wurde. Da hat die Partei etwas Wichtiges versäumt. Sicher, es gab und gibt Initiativen einzelner Sozialdemokraten, es gibt die Tätigkeiten der Friedrich-Ebert-Stiftung.

Die SPD verfolgt in der Europapolitik zur Zeit keinen eigenständigen Weg. Sie hätte schon geschichtliche Anlässe genug, einen eigenständigen Weg zu gehen, sich selbst treu zu bleiben. Die Partei hatte in der Vergangenheit viele Mitglieder, die gelitten, die sich aufgebäumt, die sich geopfert haben.

Für meine Position sehe ich einen wichtigen Verbündeten in Deutschland: die Gewerkschaften – sowohl der DGB als auch die Einzelgewerkschaften. Die Gewerkschaften in Europa sind von den Zerstörungen der Austeritäts-Politik betroffen, weil die Politik der Institutionen die Tarifautonomie unterminiert. Wenn sie dem folgten, könnten sie sich selbst aufgeben. In Deutschland – im Unterschied zu vielen europäischen Nachbarn – besteht die Gefahr nicht mehr, weil die Arbeitgeber in der Finanzkrise gemerkt haben, wie wichtig die Sozialpartnerschaft in Deutschland ist. Die Gewerkschaften sind zugleich bei uns ein wichtiger Machtfaktor.

Sehr kenntnisreich verhalten sich die Grünen. Hier gibt es sehr kluge und konsequente Finanzmarkt-Politiker wie Sven Giegold oder Gerhard Schick, die ich sehr schätze, weil sie das Spiel der Neoliberalen wirklich durchschauen.

In der SPD gibt es eine Reihe von wichtigen Politikern, die die Griechenland-Politik ebenso kritisch sehen wie ich. Aber sie sprechen das nicht so deutlich aus wie ich, z. T. aus Loyalität gegenüber der Partei. Ich habe mit öffentlicher Kritik im Zusammenhang mit der sogenannten zweiten Phase der Entspannungspolitik aber auch eine gute Erfahrung gemacht: Nachdem ich aus der Reihe getanzt war, hat die SPD später gefunden, dass ich ihr damit auch dienlich bin. Zum Beispiel bei meinen zwei Kandidaturen zum Amt des Bundespräsidenten. Ich hatte bewiesen, dass ich von der Partei unabhängig bin. Das Vertrauen, das ich für die SPD einsetzen konnte, kam aus meiner Widerspenstigkeit.

Im Blick auf das Drama mit den Griechen in Europa muss man jetzt einmal in Ruhe sehen, welche verschiedenen Entwicklungsmöglichkeiten es kurzfristig gibt.

Sagen die Griechen beim Referendum „Nein", dann deuten das die Deutschen öffentlich als Wunsch, aus dem Euro auszutreten. Sie beanspruchen also die Deutungshoheit über das, was die Griechen wollen. Das ist eine Anmaßung!

Die deutschen Medien, die das transportieren, merken offenbar gar nicht mehr, dass es eine Schande ist, sich so einzumischen – und zugleich von Freiheit und Selbstbestimmungsrecht zu reden! Jetzt hat Premierminister Tsipras, so hört man, angedroht, dass er zurücktritt, wenn es ein mehrheitliches Ja gibt. Darauf hoffen nun die Institutionen. Aber: Gibt es dann Neuwahlen? Wenn es Neuwahlen gibt, worauf hoffen denn dann unsere Politikerinnen und Politiker? Ich weiß nicht, ob sie sich darüber im Klaren sind. Manche von ihnen hoffen auf eine Rückkehr von Antonios Samaras und der PASOK. Das halte ich für sehr unrealistisch. Weder PASOK noch Samaras werden mit dieser Erpressungsposition etwas gewinnen. Denn die Griechinnen und Griechen wissen ja, dass sie denen nicht trauen können. Sie stimmen vielleicht aus Angst mit Ja. Angst ist aber keine Vertrauensbasis. Zumal ich nicht glaube, dass dann die Institutionen denen plötzlich freie Hand lassen. Warum sollten sie es plötzlich tun?

Premierminister Tsipras wird jetzt, zusammen mit Yanis

Varoufakis, als der Bösewicht, der Schurke im Drama hinge-
stellt. Weil er durch seine linke Ideologie verblendet sei.

Ich bin mit Yanis Varoufakis in Kontakt. Ich habe heute
morgen (30.6.2015) die Antwort aus Athen bekommen: Wir
bleiben bei der bekannten Fragestellung, denn es gibt nichts
anderes Schriftliches, was als konkretes neues Angebot der Institutionen vorliegt. Deswegen glaube ich, dass sie bei der Ab-
stimmung bleiben und „Nein" sagen müssen. Wenn Tsipras
sagt, bei „Ja" tritt er zurück, dann freuen sich vermutlich die
Institutionen. Aber das könnte ein Pyrrhussieg sein. Denn: Wen
wollen sie dann als Repräsentanten der Griechen „aufbauen"?
Wollen die Institutionen wirklich einen konstruktiven Weg
gehen? Ich beobachte einen Rückzug auf archaische Verhal-
tensweisen, auf ein Rudelverhalten. Das hat inzwischen eine
Dramatik angenommen, die weit über das politische Drama hi-
nausgeht.

Die bisherigen konservativen neoliberalen Eliten wollen verhindern, dass eine Wirtschaftspolitik gegen die Austerität in
Europa Erfolg hat. Das ist jetzt die wirklich politische Frage.
Wie arm sie an Argumenten sind, kann man daran sehen, dass
sie die Schuld an der gegenwärtigen Blockade auf zwei Personen schieben, die durch demokratische Wahlen an die Macht
gekommen sind. Wenn nun die Euro-Zone der griechischen Bevölkerung sinngemäß damit droht: „Wenn ihr bei Syriza bleibt,
dann wird das Chaos bei euch Einzug halten", dann muss man
das als massive Erpressung bezeichnen. Die Situation ist hoch-
komplex und es ist für die griechische Bevölkerung nicht leicht,
die für sie richtige Entscheidung zu treffen. Es ist alles vergiftet
und verlogen. Warum hat die Europäische Union nicht schon
früher angeboten, was sie, um die Griechen für ein „Ja" zu gewinnen jetzt schnell, aber ohne belastbaren Beleg nachschiebt.

Wer trägt für diese Zuspitzung die Verantwortung? Wo liegt
die Wahrheit?

Ich kann nicht sagen, was die Wahrheit ist. Aber ich kann feststellen, was die Unwahrheit ist. Es ist die Unwahrheit, wenn jemand behauptet, dass etwas versprochen wurde, was gar nicht versprochen worden ist. Das ist eine feststellbare Unwahrheit. Die Wahrheit ist nicht einfach herauszubekommen, weil die Europäische Kommission auch das EU-Parlament nicht genau oder gar nicht informiert. Da wird alles Mögliche hin und her geschoben. Diese Verwirrung geschieht offenbar absichtlich.

Jetzt kann man weiter fragen: Ist das auch Schuld? Wenn sich jemand als verantwortlicher Politiker in dieser schwierigen Zeit nicht skrupulös selbst kundig macht, dann ist das seine Schuld. Dagegen kann man nicht halten: Der hat hundertfünfzig andere Sachen im Kopf. In einer Lage, in der ein ganzes Land in der Gefahr steht, über die Klippe zu springen, muss sich ein Politiker genau informieren und sich auch mit den Gegenargumenten vertraut machen. Wenn das ausbleibt, finde ich, macht er sich schuldig. Um Schuld geht es auch, wenn ich, entgegen meinem Wissen, die Schuldzuweisung einseitig vornehme. Ich sage nicht, dass die griechische Regierung immer alles richtig gemacht hat. Aber ich meine, dass ihre allgemeine Strategie richtig und vernünftig ist.

Nehmen wir jetzt noch einmal das heftig kritisierte Auftreten von Finanzminister Varoufakis. Er kommt als Wissenschaftler aus einem ganz anderen kulturellen Milieu als die europäischen Finanzminister es gewohnt sind. Mir sind beide Milieus vertraut. Er kommt aus einem Milieu mit südeuropäischen, amerikanischen, australischen, professoralen Merkmalen, in dem man sich oft lässiger kleidet. In dem man nicht über ein großes Amtszimmer, zwei Sekretärinnen und einen Wagenpark verfügt. Zugleich hat Yanis Varoufakis einen messerscharfen Verstand und einen starken Willen. Und beides strahlt er auch aus.

Schon das wirkt auf viele bedrohlich und provozierend: Außerdem lässt er falsche Behauptungen nicht einfach durchgehen, er widerspricht. Ich weiß nicht, ob er es immer so freundlich und verbindlich tut wie an dem Tag, an dem er im Bundestag bei den Grünen und bei den Sozialdemokraten war. Da wirkte er aus meiner Sicht völlig unbedrohlich und sympathisch. Die Grünen hatten das geringste Problem mit ihm. Sie teilten seine ökonomische Analyse, seine Kritik an der Austeritäts-Politik und waren ihm intellektuell gewachsen. Bei den Sozialdemokraten war das oft ebenso, aber nicht immer. Mir ist diese Diskrepanz der Wahrnehmungen aus eigener Erfahrung bekannt. Bei meinen beiden Kandidaturen zur Bundespräsidentin ist mir auch manchmal vorgeworfen worden, dass ich zu professoral auftrete. Ich glaube nicht, dass ich dies wirklich tue. Aber ich versuche konsequent zu argumentieren. In einer Zeit, in der wir in der Politik seit Jahren das öffentliche konsequente, anschlussfähige Argumentieren verlernt haben, wirkt das auf viele ungewöhnlich und bedrohlich.

Für mich war in dieser Hinsicht Richard Löwenthal ein wichtiges Vorbild. Ich war nicht seine Schülerin, weil ich nicht Internationale Politik studiert habe. Aber ich war in seinem Seminar und später mit ihm viel in der Grundwertekommission der SPD zusammen. Dabei hatte ich zuweilen töchterliche Aufgaben, z. B. aufzupassen, dass er seinen Hut nicht irgendwo liegen ließ. Seine Argumentation, die den Kontrahenten nicht „auseinandernehmen", sondern an ihm anknüpfen wollte, seine ganz klare Trennung zwischen politischem Dissens und menschlicher Beurteilung, waren für mich vorbildlich. Wenn man nicht argumentiert, sondern persönlich angreift und diskreditiert, dann kennzeichnet das einen totalen Verfall der politischen Kultur, den ich bei uns im Augenblick feststelle. Bei vielen politisch Verantwortlichen ist das zur Zeit der Fall.

Versuch eines Psychogramms

Angela Merkel

Albus:

Sie haben vorhin zweimal die Bundeskanzlerin Angela Merkel angesprochen. Ich denke, dass eine Frau einen anderen Zugang hat, um ein Urteil über eine andere Frau zu finden, als ein Mann. In meiner Beobachtung hat Angela Merkel sich im Laufe der Jahre sehr verändert. Ich habe noch eine ZDF-Live-Sendung mit ihr und Jugendlichen in Erinnerung, die ich damals, als sie gerade in die Politik kam, zu moderieren hatte. Da wirkte Angela Merkel auf mich sehr offen und lebendig. Das habe ich in guter Erinnerung. Heute wirkt sie auf mich manchmal wie ein Buddha, der da sitzt und die Dinge relativ ungerührt geschehen lässt. Ich weiß nicht, was sie wirklich will, welche wirklichen Absichten sie hat.

Schwan:

Meine Einschätzung von Frau Merkel ist ein analytischer Versuch, keine Verurteilung. Wenn ich das, was ich bei ihr beobachtet habe, seit dem sie wichtige Positionen in der Demokratie inne hat, mit dem zusammennehme, was ich höre, wie sie sich, soweit ich das erfahren konnte, in der ehemaligen DDR verhalten hat, dann habe ich den Eindruck, dass sie eine intelligente Person ist. Sie kann gut analysieren. Sie ist auch sehr nüchtern. Ich glaube aber nicht, dass sie an irgendeine inhaltliche Sache ihr Herz hängt. Ihre Antennen gehen positiv auf das, was beherrschbar ist und gegen das, was sie nicht kontrollieren kann. Ihr Verständnis von Politik ist nach meinem Eindruck rein mechanistisch-naturwissenschaftlich.

Albus:

Angela Merkel hat Physik studiert.

Schwan:

Das hat sie ja auch mehrfach zum Ausdruck gebracht: Man löst politische Probleme möglichst ohne großen Aufwand, ohne Auffälligkeit, erst recht ohne öffentliche Diskussion, indem man sie Stückchen für Stückchen auseinandernimmt. Das ist auch dezent. Angela Merkel hat ein Interesse an dieser Unauffälligkeit, weil sie glaubt, durch diese Art des Vorgehens mehr zu erreichen als viele andere, die Macht sicherer in der Hand zu behalten. Sie ist auch zu intelligent, um Eitelkeit zu zeigen. Das bringt ihr viele Sympathien ein. Sie hat das ganze Machtgehabe, das viele Männer um sich herum inszenieren, nicht nötig. Damit sticht sie positiv ab. Und das schafft ihr das persönliche Vertrauen.

Aber sie hat kein tiefer gehendes Verständnis von Demokratie. Sie weiß nicht oder sie akzeptiert, dass das Kernstück, die Seele der Demokratie die öffentliche, faire Auseinandersetzung über mögliche Alternativen ist.

Wenn man überhaupt eine rote, zusammenhängende Linie in Angela Merkels Politik erkennen kann, dann ist es die, solche Auseinandersetzungen sowohl in ihrer Partei als auch außerhalb zu vermeiden und zu unterdrücken. So gut wie sie wahrscheinlich im kleinen Kreis gemäß ihren Kriterien des Machterwerbs und -erhalts analysieren kann, so schwach, meine ich, wirkt sie im öffentlichen Argumentieren. Und zwar nicht, wie manche sagen, weil sie ihre Politik nicht erklären könnte, sondern weil sie es nicht gewohnt ist, unterschiedliche Paradigmen in die eigene Argumentation aufzunehmen. Sie hat ein bestimmtes naturwissenschaftliches Paradigma. Aber Politik heißt, unterschiedliche Perspektiven und Paradigmen zusammenzusehen. Ich glaube nicht, dass sie das kann. Sie fühlt intuitiv, dass sie in solchen Auseinandersetzungen verliert. Deswegen geht sie ihnen aus dem Wege. Es gibt ja trotz ihrer Behauptung der Alternativlosigkeit immer Alternativen, aber die könnten schlechter sein als die eigene vorgeschlagene Position. Darüber müsste man dann argumentieren. Das macht sie nicht.

Und sie hat ein tiefes Misstrauen, ob Menschen überhaupt in der Lage dazu sind zu argumentieren, sich ein rationales Urteil zu bilden und sich zu verständigen. Sie glaubt – davon bin ich überzeugt –, dass sie dies nicht können. Insofern hat sie auch keine psychologische Basis für ein demokratisches Verhalten. Ihr Misstrauen steht im Gegensatz zu kulturellen Erfordernissen von Demokratie, die auf Vertrauen und Kooperation setzen muss. Für Angela Merkel ist Demokratie im Wesentlichen im Rechtsstaat enthalten und in der Möglichkeit, frei zu reisen und zu konsumieren. Dieses Muster hat zur Folge, dass die Basis der Demokratie erodiert, nämlich die Verständigung über einen Grundkonsens über den Weg der Argumente und des öffentlichen Streits.

Wenn man heute in der Gesellschaft diskutieren will, muss man erst einmal erklären, was zur Verständigung alles gehört. Ich bekomme oft gesagt, dass ich Politik gut erklären könne. Das kann ich deswegen, weil ich gelernt habe, alternative Positionen darzulegen, damit sich jeder Mensch, das ist mein Bedürfnis, ein eigenes Urteil bilden kann. Er soll gerade nicht in der Alternativlosigkeit landen.

Ich habe an der Freien Universität Berlin zehn Jahre lang mit Kollegen eine Einführungsvorlesung in die Politikwissenschaft gehalten. Was haben wir gemacht? Wir haben nicht gesagt, „Politik ist..., Wissenschaft ist...", sondern wir haben jeweils unterschiedliche Verständnisse dargelegt. Und damit die Studierenden damit etwas anfangen konnten, haben wir diese Verständnisse bis in ihre Letztbegründung verfolgt; haben gefragt, was ihnen als Prämisse zu Grunde liegt. Wir haben die Studierenden dazu aufgefordert: Schaut euch diese Prämissen an! Wie vereinbart ihr sie mit euren eigenen Vorstellungen, eurer eigenen Lebenserfahrung? Dann könnt ihr euch ein eigenes Urteil bilden. Das ist harte Arbeit! Aber das gehört dazu, wenn man ein begründetes politisches Urteil haben will. Das brauchen wir dringend, wenn wir nicht in das übliche personalisierende Verurteilen, und in Unwahrheiten abgleiten wollen.

Es gibt einen Punkt, an dem ich neben der Analyse meine moralischen Fragezeichen setze: Angela Merkel ist bereit, etwas öffentlich positiv zu bewerten, wovon sie weiß, dass es nicht positiv ist. Das heißt, sie handelt im Selbstwiderspruch. Was Selbstwiderspruch bedeutet, wissen wir aus der philosophischen und theologischen Tradition. Zum Beispiel: Das „großzügige Angebot", von dem Frau Merkel in der letzten Auseinandersetzung vor dem griechischen Referendum gesprochen hat, ist kein großzügiges Angebot. Deshalb wollte der Internationale Währungsfonds es auch nicht übernehmen. Es ist auch nicht nachhaltig. Es handelt sich um Stoppeleien, um Kredite zurück zu zahlen, ohne solide Zukunftsaussichten für Griechenland. Das ist keine konkrete Hilfe und auch nicht großzügig. Dazu würde gehören, insofern hat es auch mit Wahrheit und Schuld zu tun, dass Frau Merkel sich erkennbar mit Gegenargumenten auseinandersetzt, z. B. mit der Notwendigkeit einer vom IWF geforderten Umstrukturierung der Schulden. Das verweigert Angela Merkel.

Abschied von der Illusion
absoluter Sicherheit

Argumentativ am Ende

Für mich ist es verräterisch, dass man im Moment die politische Auseinandersetzung derartig personalisiert und Hass sät. Man ist argumentativ am Ende. Anders kann ich mir das nicht erklären. Wenn man gute Argumente für die eigene Politik hätte, dann könnte man darauf verzichten.

Wenn ich das Ganze metaphysisch-religiös sehe, so haben wir im Augenblick wirklich ein großes Welttheater. Diese krasse Bereitschaft, die Unwahrheit zu sagen ist bei Personen, die in der Öffentlichkeit doch immerhin Respekt genießen, flächendeckend geworden.

Dagegen müssen wir in der Demokratie, soweit wir das können, angehen. Wir sind aber nicht allmächtig. Das ist so wie bei privaten Angelegenheiten: Man kann sich bemühen. Aber was der liebe Gott noch alles im Köcher hat, wissen wir nicht. Jetzt sieht alles ganz furchtbar aus. Ich weiß auch nicht, ob es gut endet. Aber es hat auch die Chance, besser zu enden. Und zwar in dem Maße wie die Gefahr auch bei uns erkannt wird. In dem Maße wie entgegen allen Beruhigungsbeschwörungen Chaos und Unsicherheit entstehen, weiß ich nicht, wie sich die öffentliche Meinung drehen wird. Es kann sein, dass sie sich noch eine Weile an die Person klammert, von der sie denkt, dass sie alles richten kann. Aber es kann auch sein, dass mit einem Mal die Stimmen lauter und zahlreicher werden, die sagen: „Das ist kein guter Weg, das ist überhaupt kein Weg. Es ist offen."

Nach meinem Eindruck gibt es zwei Grundbedürfnisse des Menschen: Freiheit und Sicherheit. Über Jahrhunderte hinweg. Die können einander auch im Wege stehen. Sie gehören aber zusammen. Ohne eine gewisse Sicherheit kann man Freiheit nicht praktizieren. Ohne Freiheit ist Sicherheit nur Unterdrückung und nicht Sicherheit.

Wenn die Illusion der Sicherheit in der EU, die wir – immer noch – haben, nicht mehr trägt, weil irgendwann die Interdependenzen zwischen unserem deutschen Wohlstand und den sozialen Missständen in Südeuropa deutlich werden, dann könnte eine gute Chance zu einer grundlegenden Änderung der Politik in Europa entstehen. Der Weg ist lang und voller Tücken. Es kann auch schiefgehen.

Michael Albus

Rationalität und Emotion

Gesine Schwan ist ein leidenschaftlicher Mensch. Sie hat eine unbezähmbare Lust an der scharfen Analyse, am zugespitzten Denken. Sie informiert sich, macht sich selbst Einwände, prüft an den Fakten, ob ihr Urteil so begründet und sicher wie möglich ist. Dabei geht sie von der Grundannahme aus, dass es immer noch eine Chance gibt, auch in der verfahrensten Situation.

Dass sie damit nicht nur Zustimmung erntet, das weiß sie. Den Widerspruch kalkuliert sie ein.

Immer wieder spricht Gesine Schwan von ihrem Glauben, ihrer Religiosität. Das zieht sich, bei aller Konzentration auf die Sachen selbst, wie ein Basso continuo durch ihre Denkwege. Ihre Leidenschaft rührt auch von dem Grundoptimismus her, dass die Schöpfung gut ist. Und dass der Mensch den Auftrag hat, sie zu bewahren, daran mitzuarbeiten.

Auffällig ist ihre Furchtlosigkeit, ihr Mut, Risiken einzugehen, mit dem Scheitern zu rechnen – und es dann doch noch einmal zu versuchen.

Der Faktor Mensch ist ihr wichtiger als das rein abstrakte Denken. Das wird deutlich an ihrer Zuneigung zu denen, die unter die Räder der Systeme zu geraten drohen – oder schon geraten sind.

Menschen wie Gesine Schwan hat unsere Gesellschaft notwendiger denn je.

Die Weimarer Rede März 2012

Über die Freude an Europa

Vorbemerkung

Die folgende, leicht gekürzte Rede, die Gesine Schwan am
21. März 2012 in Weimar gehalten hat, zeigt in einfachen und
klaren Worten wie sie denkt: Sie bringt menschliche Erfahrung
und politisches Denken in einen engen Zusammenhang, zeigt,
dass Theorie und Praxis aufeinander bezogen sein müssen,
wenn etwas Vernünftiges dabei herauskommen soll.

Was auch beeindruckt ist die klare Sprache, die nicht um den
heißen Brei herumredet, sondern die Dinge beim Namen nennt.
Insofern sticht sie von der Blassheit vieler landläufiger Politiker-
reden ab. Gesine Schwan bezieht ihre persönlichen Erfahrungen
grundsätzlich in ihr Denken und Handeln ein. Das ist eine Sel-
tenheit geworden in unserer politischen Kultur. Die Rede ist so
angelegt, dass den Worten Taten folgen sollten. (M.A.)

Meine Damen und Herren,
mal ehrlich: Haben Sie Freude an Europa? Vermutlich eher
nicht. Jedenfalls findet sich gegenwärtig in vielen politischen
Berichten, Analysen und Feuilletons die Annahme einer zuneh-
menden Skepsis gegenüber Europa, nicht nur in Deutschland,
aber besonders in Deutschland. Von Freude an Europa war
schon lange nicht mehr die Rede.

Wie stehen wir zu Europa?

Wenn ich von Europa rede, meine ich vornehmlich die Europäische Union, wie sie über einen langen Zeitraum entstanden ist und, ausgehend von der Europäischen Gemeinschaft für Kohle und Stahl über die Europäische Wirtschaftsgemeinschaft und die erweiterte Europäische Gemeinschaft, schließlich 1992 in Maastricht vertraglich vereinbart worden ist. Natürlich ist Europa viel mehr, allein die ständige Erweiterung des Kreises der Mitgliedsländer, die noch nicht abgeschlossen ist, zeigt das. Aber ich möchte Europa, um das es heute gehen soll, zunächst pragmatisch so eingrenzen. Denn es geht mir nicht vorrangig um eine kulturelle oder psychologische Frage, sondern um eine politische.

Umfragen belegen, dass die Zustimmung zu Europa in den Mitgliedstaaten unterschiedlich ausfällt, aber in den letzten Jahren gesunken ist, besonders in Deutschland. Dabei galten die Deutschen bis 1990 – für die meisten Jahre handelt es sich dabei also um die Westdeutschen – als besonders proeuropäisch. Sie empfanden sich als Gewinner der europäischen Integration, weil sie auf diese Weise auch international politisch mehr Einfluss nehmen konnten und als Exportnation Vorteile vom erweiterten Markt hatten. Allerdings haben die Deutschen dabei immer einen besonderen Wert auf die Stabilität ihrer D-Mark gelegt und gegenüber der Einführung des Euro eine erhebliche Skepsis gehegt ebenso wie die Furcht, einmal unter einer unseriösen Haushaltsführung ihrer Nachbarn leiden zu müssen.

Angesichts der Schuldenkrise der letzten Jahre in den Euro-Staaten fühlen sich nun vermutlich viele in ihrer Sorge bestätigt. Da ihre Zustimmung zu Europa erkennbar und durchaus erheblich auf einem Kalkül von Vor- und Nachteilen der Mitgliedschaft beruhte, liegt als Folge eine Distanzierung nahe,

wenn sich Nachteile oder auch nur riskante Bürgschaften abzu-
zeichnen scheinen. Im Vergleich zu allen anderen Europäischen
Ländern wenden sich die Deutschen jetzt denn auch gegen eine
Erweiterung der Europäischen Union. Im Übrigen hat in den
letzten Jahren auch bei den anderen europäischen Bürgern eine
rein instrumentelle Sicht gegenüber der Union zugenommen.
Das klingt alles nicht nach „Freude an Europa".

Was meinen wir, wenn wir von Freude reden?

Was meinen wir, wenn wir hier von „Freude" reden?
Im April 1986 hat die Europäische Gemeinschaft sich für
Beethovens „Ode an die Freude" als die Europahymne ent-
schieden. Sie wird zwar ohne Worte gespielt, aber Schillers
Text war für die Wahlentscheidung doch von Belang. Zu Ihrer
Erinnerung den Wortlaut der ersten Strophe der Schiller'schen
Ode:
„Freude, schöner Götterfunken, Tochter aus Elysium, wir
betreten feuertrunken, Himmlische, dein Heiligtum. Deine
Zauber binden wieder, was die Mode streng geteilt, alle Men-
schen werden Brüder, wo dein sanfter Flügel weilt."
Schiller hat diese Ode für seinen Mäzen Christian Gottfried
Körner und dessen Freimaurerloge als Auftragswerk gedichtet.
Es heißt in der Interpretationsgeschichte, dass er sie später als
dichterisches Werk nicht mehr besonders schätzte. Aber sie ist
sofort schnell populär geworden, und als vierter Satz von Beet-
hovens Neunter Sinfonie hat sie weltweit begeisterte Anhän-
ger gefunden. Jedes Jahr wird sie z.B. am Jahresende in Japan
vom „Chor der 10 000" gesungen, in deutscher Sprache und
auswendig! Darauf bereiten sich Scharen von Japanern mit Be-
geisterung vor. In Schulaulen und Turnhallen finden die Chor-
proben statt. Ganze Familien treffen sich dabei. Kann man sich
das in Deutschland vorstellen? Solche Begeisterung? Wohl eher

nicht, zumal die Deutschen schon im Vergleich mit ihren europäischen Nachbarn besonders wenig singen. Freuen sie sich auch weniger?

Was zeichnet Freude aus? Worüber und wann freuen wir uns?

Die Popularität von Schillers Ode an die Freude mag zunächst daher rühren, dass Menschen eine Sehnsucht nach Freude haben. Ich kenne jedenfalls niemanden, der sich nicht gerne freute. Aber wann und unter welchen Bedingungen freuen wir uns? Als Kinder in der Regel auf unseren Geburtstag oder auf Weihnachten. Dem geht eine Zeit der Erwartung voraus, an deren Ende wir Geschenke erhalten, vielleicht auch Zuwendung von anderen und selbst Geschenke basteln. Würden wir uns ohne solche Erwartung ebenfalls freuen? Würden wir uns noch freuen, wenn wir jeden Tag Geburtstag hätten? Vermutlich eher nicht. Das würde uns langweilen, wir würden dessen überdrüssig.

Als Erwachsene merken wir, dass uns Freude auf den Geburtstag oder auf Weihnachten viel schwerer fällt als früher. Weihnachten wiederholt sich, da geschieht nichts besonders Schönes mehr. Im Gegenteil: Viele beginnen, sich vor den notorischen Familienkrächen am Weihnachtsabend zu fürchten, die vielfach literarisch beschrieben wurden. Psychologisch werden sie als Ergebnis der Enttäuschung darüber analysiert, dass wir uns eben nicht mehr so freuen können wie als Kinder und dass alltägliche Enttäuschungen im familiären Leben im Laufe des Jahres sich am Weihnachtsabend plötzlich Bahn brechen.

Offenbar gehören zur Freude ein Erwartungshorizont, auch eine Fähigkeit ebenso wie ein menschlich positives Umfeld und die Tatsache, dass das Erwartete – eher Erhoffte – nicht selbstverständlich ist, sondern uns als Geschenk zuteil wird. Offenbar möchten wir uns freuen, aber es gelingt uns nicht ohne weiteres. Offenbar können wir auch Freude nicht einfach herstellen oder bei anderen anordnen. „Nun freut Euch doch endlich!" – diese Aufforderung klingt absurd – obwohl sie vermutlich in der einen oder anderen Familie am Weihnachtsabend ausgesprochen oder zumindest gedacht wird. Gedeiht Freude nur in Freiheit? Steht Freude im Gegensatz zur Routine? Braucht Freude Überraschung? Braucht sie eine positive Gestimmtheit, die sich aus der Zuwendung anderer nährt?

Wir freuen uns, wenn uns jemand ein Geschenk macht. Sofern wir allerdings merken, dass er daraus für sich einen Vorteil gewinnen will, ist die Freude schnell vorbei. Wir spüren die Berechnung und sind enttäuscht. Freude braucht die freiwillige Zuwendung des Schenkenden. Gedeiht sie nur in einem Klima freiwilliger Mitmenschlichkeit? Offenbar freue ich mich nur, wenn ich den Eindruck gewinnen kann, es ginge dem anderen um mich und nicht berechnend um seinen eigenen Vorteil. Freude zu bereiten vermag wohl nur jemand, der von seinen eigenen Interessen absehen kann. Umgekehrt erleben wir, dass wir Menschen aufschließen und zusammenführen können, indem wir Ihnen eine Freude bereiten. Können Menschen sich auf diese Weise auch gegenseitig verbinden?

„Deine Zauber binden wieder, was die Mode streng geteilt, alle Menschen werden Brüder, wo dein sanfter Flügel weilt." In Schillers Ode an die Freude gehören Freude und Brüderlichkeit, Freude und Solidarität zusammen. Das Wort Brüderlichkeit, am Ende des 18. Jahrhunderts durchaus gängig, stand wohl auch im besonderen Kontext der Freimaurer, für die Schiller die Ode gedichtet hatte. Aber der Gedanke bleibt auch allgemeiner wichtig: Freude gedeiht in einem Klima der Solidarität. Umgekehrt schafft Freude im Denken Schillers auch ein Klima der Solidarität, weil sie die Menschen miteinander verbindet.

Die Weisheit des Sprichworts sagt: „Geteilte Freude ist doppelte Freude – geteiltes Leid ist halbes Leid." Hand aufs Herz:

Freuen wir uns immer über die Freude anderer? Oder wer-
den wir neidisch? Vielleicht vermögen wir uns überhaupt nur
zu freuen, wenn wir uns auch über die Freude anderer freuen
können. Damit stünden Neid, Berechnung und Egozentrik der
Freude entgegen.

Aber es gibt doch auch Schadenfreude! Sie ereignet sich ver-
mutlich täglich, aber einen guten moralischen Ruf hat sie nicht.
Man soll sich nicht über den Schaden anderer freuen – so sagen
es Moralkodizes und Religionen. Soziologisch verbindet sich
Schadenfreude mit dem Wunsch nach Gerechtigkeit und nach
Bestrafung von Normverstößen. Man freut sich gegebenenfalls
„zu Recht" über den Schaden dessen, der anderen vorher Scha-
den zugefügt, der sich anmaßend oder heuchlerisch verhalten
hat. Auf diesen Effekt bauen viele Komödien.

Aber dauert solche Freude an? Vielleicht, wenn sie im
Dienst von Gerechtigkeit steht, als Freude darüber, dass die
Dinge wieder ins rechte Lot kommen. Aber ob das rechte Lot
hält, wenn wir begangenes Unrecht mit erneuter Demütigung –
und nichts anderes ist doch Schadenfreude – beantworten?

Freude dagegen am Schaden eines Menschen, der nieman-
dem etwas zuleide tut und immer als Verlierer dasteht, der von
allen gehänselt wird und sich nicht wehren kann, bleibt einem
eher im Halse stecken oder verwandelt sich in Mitleid. Es sei
denn, es handelte sich um eine Pathologie: z.B. wenn es Res-
sentiment geladenen Genugtuung bereitet, gegen Schwache
oder Minderheiten gewalttätig zu werden. In der Regel gehen
bei denen eigene Erniedrigung und Wut voraus, die sie abre-
agieren, womit sie sich eine Gerechtigkeit verschaffen wollen,
die missglückt, weil sie immer neues Unrecht nach sich zieht.
Der Bielefelder Soziologe Wilhelm Heitmeyer hat in einer Ab-
folge von Untersuchungen über die sog. „Deutschen Zustän-
de" solche Mechanismen subtil beschrieben. Sadismus ist eben
eine Pathologie, jedenfalls wenn wir von einem Menschenbild

ausgehen, das einem freien demokratischen und gerechten Europa entspricht.

So können wir Freude als ein Gefühl oder eine Stimmung begreifen, die die Menschen verbindet, die aus freier Zuwendung entsteht, die man nicht herstellen, auch nicht erzwingen kann, die nicht selbstverständlich daherkommt, sondern von anderen geschenkt wird und zugleich von unserer Erwartung, überhaupt unserer eigenen Verfassung abhängt. Wenn wir alles für selbstverständlich halten, können wir uns nicht mehr freuen. Auch ein Menschenfeind, ein Missgünstiger, einer, der nur an sich denkt oder sich auch nur gegenüber anderen grundsätzlich berechnend verhält, einer der selbst nicht großzügig schenken kann, sondern immer nur sein Interesse kalkuliert – ein solcher Mensch kann sich nicht freuen.

Voraussetzungen einer Freude an Europa

Wir erfuhren aus den Umfragen, dass in den letzten Jahren eine rein instrumentelle Sicht gegenüber Europa bei allen Europäern zugenommen hat. Solche instrumentelle Sicht kann sich, wenn wir die vorangegangenen Überlegungen auswerten, mit Freude nicht verbünden, weil hier die Zustimmung allein auf der Berechnung des eigenen Interesses beruht.

Aber ihre Entstehung kann nicht verwundern. Denn Ziel und Motive des Europäischen Zusammenschlusses haben sich in den vergangenen Jahren unter der Hand radikal verändert. Zu Beginn und noch weit in die achtziger Jahre hinein wurde die europäische Gemeinschaft als das Glück wahrgenommen, dass zwischen den ehedem kriegerisch verfeindeten Staaten bei allen Interessenunterschieden nun Frieden herrscht. Das war etwas Gemeinsames und Verbindendes. Auch wenn dabei auch nationale Interessen im Spiel waren.

Aber seit der Mitte der achtziger Jahre wurde dieses gemein-

same Europa im Zuge der ökonomischen Globalisierung, der Deregulierung und der zunehmenden Ökonomisierung aller Lebensbereiche in eine Arena verwandelt, in der sich die Staaten in einem sog. Standortwettbewerb im Wesentlichen als Konkurrenten begegneten, und mit ihnen die nationalen Parteien und Gewerkschaften. Es ging nun ganz vorrangig darum, im nationalen Interesse möglichst günstige Bedingungen für Kapitalinvestitionen und den davon erhofften Wirtschaftsaufschwung zu schaffen, nicht europäisch gemeinsam, sondern gegeneinander. Davon hing der Wohlstand der Menschen in den Mitgliedsstaaten ab. Die nationalen Regierungen wurden, wenn sie aus Brüssel zurückkamen, zu Hause als umso erfolgreicher begrüßt, je mehr sie für die Deutschen, die Franzosen, die Italiener oder die Spanier herausgeholt hatten.

So verwandelte sich eine win-win-Situation des Zusammenschlusses der europäischen Staaten zugunsten des Friedens immer mehr in ein Nullsummenspiel gegeneinander. Je mehr die einen gewannen, desto schlechter standen die anderen da.

In der Gegenwart hat das zu der für viele Deutsche auf den ersten Blick erfreulichen Situation geführt, dass die Handelsbilanz gegenüber allen anderen europäischen Staaten positiv ausfällt. Aber der deutsche Export, der zu 40% in die europäischen Nachbarstaaten geht, florierte zu Lasten einer ausgewogenen Handelsbilanz der Nachbarn, mit allen negativen Folgen, die wir in den letzten Jahren in Bezug auf deren Verschuldung (z. B. nachdem deutsche Firmen in großen Mangen unnötige Waffen an Griechenland exportierten und dessen Schulden damit erhöhten) – für den europäischen Zusammenhalt und die Renaissance nationaler Vorurteile und Klischees beobachten konnten. Das Ergebnis ist ein Rückgang an Zustimmung zur europäischen Integration auf allen Seiten – auf der Seite der Nachbarn, die sich inzwischen von der deutschen Politik und ihren Sparvorgaben an die Nachbarn gedemütigt fühlen, und auf der Seite der Deutschen, die den Eindruck haben, dass sie ausgenutzt werden.

Das unterminiert nicht nur die Freude an Europa, sondern kann zu einer gefährlichen Negativ-Spirale werden, wenn wir uns nicht besser gegenseitig informieren, wenn wir nicht genauer die Ursachen und Folgen der sog. Schuldenkrise und überhaupt der politischen, sozialen und ökonomischen Grundlagen des europäischen Zusammenschlusses anschauen, um das Rad herumzudrehen zugunsten von mehr Solidarität. Aus ihr könnte dann auch eine neue Freude an Europa erwachsen.

Dabei zerstört diese Kultur der Ökonomisierung aller Lebensbereiche und der berechnenden Konzentration auf die eigenen Vorteile nicht nur die Freude an Europa, sondern überhaupt an unserer Lebenswelt. Wenn zur Zeit allenthalben in diesem Kontext von einer Renationalisierung die Rede ist, dann folgt daraus ja nicht, dass die Menschen mehr Freude an ihrem eigenen Land empfänden. Auch hier haben ja Misstrauen und Egozentrik zugenommen. Das äußert sich zwar zuweilen in Nationalismus, der dann als Stolz auf das eigene Land daherkommt. Aber Stolz ist nicht Freude, denn Stolz befriedigt das eigene Wohlbefinden, nicht das der anderen. Stolz wirkt nicht „inklusiv", sondern ist eine „Mode", von der Schiller in der Ode sagt, dass sie die Menschen voneinander trennt: „Was die Mode streng geteilt". Stolz befriedigt das eigene Ich durch Absetzung von den anderen, während Freude verbindet.

Wege in die Freude

Müssen wir uns damit abfinden? Ich meine wir dürfen uns nicht damit abfinden, wenn wir für uns und unsere Nachkommen eine lebens- und liebenswerte Welt, ein lebens- und liebenswertes Europa, hinterlassen wollen, an dem wir uns freuen können. Aber was kann geschehen?

Aus der Erfahrung mit der Schuldenkrise sollten wir lernen, uns sorgfältigere Gedanken für ein tieferes Verständnis von Solidarität zu machen, die untrennbar zur Freude gehört. Es gibt zwei Fallen, in die wir in der Vergangenheit getappt sind und aus denen wir uns wieder befreien können – als Bürger, weniger als Staaten.

Die eine öffnet sich, wenn wir Solidarität nur als Gelegenheit für Schwächere diffamieren, uns auszunutzen. Das geschieht, wenn man Solidarität und Eigenverantwortung in einen Gegensatz zueinander bringt und damit diejenigen, die unsere Solidarität brauchen, also die Schwächeren, prinzipiell verdächtigt, in ihre schwierige Lage durch Verantwortungslosigkeit geraten zu sein und Hilfe nur auszunutzen, um so weiter machen zu können wie bisher.

Wenn in der heutigen Schuldenkrise Regierungschefs von Solidarität sprechen, dann ist vom ursprünglichen Sinn des Wortes nicht viel übrig geblieben. Nicht nur, dass gerade die deutsche Politik den Nachbarn von Anfang an seit Beginn der Krise die Fähigkeit zu eigenverantwortlichem Handeln für den Fall absprach, dass sie ihnen sofort solidarisch beigestanden hätte. Und sie schielte dabei auf die Wahlbürger, denen sie im Grunde durchweg Kleinlichkeit unterstellte. Deshalb unternahm sie erst gar nicht den Versuch, sauber die ursächlichen Tatbestände der Verschuldung auseinanderzuhalten und ihre Forderungen nach Haushaltsverantwortung in eine prinzipielle Politik der Solidarität einzubetten. Erst nachdem die verschuldeten Länder Solidarität nicht mehr brauchen, weil sich jedes allein geholfen haben muss, bietet ihnen die deutsche Politik Solidarität an. Täten wir es früher, hätten wir es von Anfang an getan, dann – so das prinzipielle Misstrauen – hätten sie keine eigenen verantwortlichen Anstrengungen unternommen. Würden Sie freudige Gefühle für Deutschland empfinden, wenn Ihnen prinzipiell abgesprochen würde, sich verantwortlich zu *verhalten und Ihnen dagegen die Deutschen sich zum Vorbild ausrufen würden? Ich vermute: nein.*

Die andere Falle, in die wir in Sachen Solidarität getappt sind, liegt darin, dass es bei den Strategien zur Schuldentilgung nicht um die Rettung der Menschen in unseren Nachbarländern, auch nicht um deren Staaten, sondern vor allem um den Schutz von Institutionen geht, die im eigenen deutschen Interesse – z. B. in Bezug auf die Zahlungsfähigkeit der deutschen Banken – gestützt werden sollen. Das ist für einen nationalen Regierungschef eine rationale und legitime Überlegung, allerdings führt die Bezeichnung „Solidarität" für diese berechnende Politik in die Irre. Und da unsere Nachbarn dies merken, können sie sich darüber nicht freuen und wollen sie sich auch nicht als Begünstigte bezeichnen lassen. Der öffentliche Diskurs zur Überwindung der Schulden enthielt und enthält vor allem in Bezug auf die Zuschreibung nationaler Verantwortlichkeiten so viele Ungenauigkeiten und Unehrlichkeiten, dass einem darüber wirklich die Freude an Europa vergehen kann.

Dabei gibt es eine Logik, die diese Entsolidarisierung steuert, die man nicht einfach beiseiteschieben kann. Wenn man sie aber durchschaut, wird es vielleicht möglich, sie zugunsten neuer Solidarität und der Freude an Europa zu überwinden.

Wenn bisher von „Europa" die Rede war, so, wie gesagt, im Sinne des Zusammenschlusses der Staaten. Freude aber ist ein Gefühl, das nicht Staaten, sondern nur Menschen empfinden können. Solange wir die Europäische Union vornehmlich als Zusammenschluss von Staaten begreifen, die vom Standortwettbewerb gegeneinander gehetzt werden, ist eine höhere Zustimmung der Bürger zur Integration nicht zu erwarten. Denn die Konzentration auf die Staaten befördert den nationalen Egoismus, weil die Regierungen diesen Standortwettbewerb meinen fortsetzen zu müssen, um ihre Wiederwahl zu sichern. Sie erhalten ihre Legitimation und ihre Macht durch Wahlen,

die sich auf nationale Ziele, nicht auf europäische richten. Ihre
Logik ist zentrifugal. Genau dies konnten wir seit Beginn der
Schuldenkrise beobachten. Zugleich hat sich mit diesem Stand-
ortwettbewerb nicht von ungefähr der Entscheidungszirkel in
Europa auf die Versammlung der Regierungschefs, den Euro-
päischen Rat verengt. Das Europaparlament, dessen Frakti-
onen die nationalen Grenzen überschreiten, wurde mehr und
mehr ausgeschaltet und damit die Bürger, sofern sie sich als so-
lidarische europäische Bürger verstehen und verhalten wollen.

Freude an Europa aus der Bürgergesellschaft

Wenn wir Freude an Europa gewinnen und stärken wollen,
müssen wir Europa deshalb aus der Bürgergesellschaft heraus
neu gestalten, von uns Bürgern kann Freude ausgehen und wir
können sie empfinden.

Das bringt mich auf einen Aspekt der Freude, den wir bis-
her nicht beachtet haben. Denn Freude kann kurzfristig oder
andauernd sein. Ebenso wie die Liebe uns als starkes Gefühl
des Augenblicks ganz in Bann ziehen kann, geschieht das auch
mit der Freude. Wir empfinden eine helle Freude, wenn plötz-
lich die Person vor uns steht, auf die wir so lange gewartet
haben. Ich erinnere mich an Situationen in meiner Kindheit,
wenn ich stundenlang an der Straßenbahnhaltestelle auf meine
Mutter wartete. Wenn sie dann endlich aus der Bahn stieg und
ich ihr entgegenlaufen konnte, war ich nichts als Freude. Dann
gingen wir gemeinsam nach Hause und Normalität zog ein.

Anders ist es, wenn wir uns für eine Aufgabe engagieren,
an einem größeren Werk arbeiten, einen mehrsprachigen Kin-
dergarten in einem Migrantenviertel aufbauen, mit dem wir zur
Integration in diesem Viertel beitragen wollen. Jeder Schritt,
der gelingt, jeder Erfolg, den wir mit anderen begehen können,
bereitet uns große Freude, die anhält in dem Maße, wie unser

Werk wächst und wir es als greifbares Ergebnis, Beweis und Anerkennung unserer Bemühungen genießen können. Zumal dann, wenn obendrein durch das gemeinsame Werk und die Identifikation mit ihm eine Gemeinschaft entsteht, die andauert. Natürlich ist letztlich alles endlich in unserem Leben, auch unsere Werke, aber die Freude am gemeinsamen Schaffen hält doch länger an als eine momentane Erregung.

Diese Freude, die uns im Werk zugleich mit anderen verbindet, kommt nicht nur als einmaliges Gefühl auf, sondern wird zu einer tragenden Haltung, zu einem Habitus, der uns auch durch Enttäuschungen trägt. Indem wir uns nicht in erster Linie um uns selbst kümmern, sondern um uns herum schauen und zupacken, wo Hilfe gebraucht wird, mitarbeiten, wo unser Wissen, unsere Fähigkeiten weiter führen können, uns das Leid und die Freude anderer angelegen sein lassen, eröffnet unser Weg viele Chancen, uns in den Dienst der Freude zu stellen und sie dabei zugleich zu erfahren.

Das gilt ganz allgemein und eben auch für die Freude an Europa. In dem Maße wie wir uns in Europa engagieren, wie wir versuchen Brücken zu schlagen zwischen Städten, Chören, Sportvereinen, Kommunalverwaltungen, Feuerwehren, Universitäten, Handwerkskammern, Gewerkschaften oder Arbeitgeberverbänden, in dem Maße wie wir die Sprachen, die Perspektiven, die Erfahrungen, die Freuden und Enttäuschungen unserer europäischen Nachbarn teilen, wird unsere Freude an Europa wachsen.

Nun sind Sie vielleicht enttäuscht. Jedenfalls wenn Sie erwartet haben, dass ich Ihnen ein Sortiment von Gründen vortrage, weswegen Sie doch, trotz aller Skepsis, ohne weitere Aufforderungen zu Handeln, Freude an Europa empfinden können. Ich hätte Ihnen natürlich von der Vielfalt der Landschaften, der Bauwerke, der Literaturen, der Musik, der Philosophien, der Wissenschaften und der bildenden Kunst vorschwärmen können, die Sie sich in Erinnerung rufen sollten, um sich den Reichtum Europas vor Augen zu führen und sich daran zu freuen. Das alles ist wahr und wird auch immer wieder in Filmen und Reiseberichten präsentiert und sie erleben das auf Ihren Reisen.

Ich bin selbst in dieser Freude an den Nachbarkulturen in Berlin aufgewachsen, am Französischen Gymnasium. Ohne Zweifel hat dies meine Begeisterung für Europa und das fast sinnliche Vergnügen an anderen Sprachen oder Kunstwerken begründet und die Freude des Wiedererkennens immer erneut geweckt, wenn ich etwa auf vertraute Verse von Racine oder Molière treffe oder in der Kathedrale von Chartres meine ersten Erinnerungen wachrufe, die von einer Klassenreise aus dem Jahre 1960 stammen. Dazu gehört auch ein herrlicher Sommer in Aix-en-Provence, wo die „Jeunesses Musicales" Chöre aus ganz Europa versammelt hatten und wir eines Tages das Amphitheater von Vaison la Romaine besuchten, uns in den Rängen verteilten und uns einfach in verschiedenen Sprachen unser Repertoire gegenseitig vorsangen. Wir genossen nicht nur den gemeinsamen Gesang, sondern auch die Freude dieser Gemeinsamkeit – nach so viel Mord und Elend im Zweiten Weltkrieg.

Freilich werden diese kulturellen Schätze erst dann ein Grund zur Freude, wenn man sie früh, möglichst als Kind oder Jugendlicher kennen lernen kann, wenn Bildung nicht – wie in den letzten zwanzig Jahren zunehmend geschehen – auf ökonomisch Rentables reduziert wird und damit die Sinne für den Reichtum der europäischen Kulturen und Traditionen, aber auch der großen politischen Streitpunkte in der Geschichte Europa verdorren lässt.

Und ein Zweites ist wichtig: Das „Andere" muss uns interessieren, Neugier muss uns treiben auf Dinge und Menschen, die sich von uns unterscheiden. Wenn es so wäre, wie Sigmund

Freud einmal in einem Brief an Albert Einstein behauptete, dass Menschen gegenüber dem „Anderen" immer – also gleich einer anthropologischen Konstanten – eine Abwehr empfinden werden, weil es sie als Anderes in ihrem eigenen Sosein infrage stellt und deshalb in ihrem Selbstwert beunruhigt, dann hätte die Freude an der kulturellen Vielfalt Europas wenig Chancen.

Aber ich glaube, Freud hatte hier Unrecht. Wenn wir mit einer Bildung aufwachsen, die uns stärkt, indem sie uns für das Andere öffnet, das Andere zum Teil unserer selbst macht und uns befähigt, im Unterschiedenen das Gemeinsame zu suchen und den verbleibenden Unterschied, den wir vielleicht auf Anhieb nicht verstehen können doch anzuerkennen, dann kann daraus Freude an Europa erwachsen. Dann entstehen in unserem Inneren Brücken, die uns erlauben, solche Brücken auch nach außen zu schlagen. Die jüngeren Generationen sind dafür sicher offener als die älteren, aber nur, wenn sie nicht sozial marginalisiert und damit ängstlich werden gegenüber dem Anderen.

Diese Freude an Europas Kultur, die viele auf ihren Reisen empfinden, habe ich nicht in den Mittelpunkt gestellt, weil sie schon sonst vielfach behandelt worden ist und weil mir darüber hinaus die Freude an der politischen Vereinigung Europas besonders am Herzen liegt. Wie wichtig das für uns alle ist in einer Welt, in der wir immer mehr voneinander abhängen und in der zugleich die Gefahr von Konflikten und Kriegen durchaus nicht abgenommen hat, muss ich wohl nicht unterstreichen. Dabei will ich nicht die gängige Begründung wiederholen, dass wir uns in einem globalen Wettbewerb als Europäer behaupten müssen. Denn diese Selbstbehauptungslogik steht der Freude psychologisch gerade entgegen. Vielmehr geht es mir um die Öffnung Europas nach innen und nach außen für die Welt, darum dass wir als Bürger Verantwortung übernehmen dafür, dass Europa in der Globalisierung ein wirtlicher Ort für unsere

Kinder und Kindeskinder wird und bleibt. Zur Zeit sind Europa und die Welt es in vielen Teilen nicht.

Das Europa, an dem wir Freude haben können, verschließt sich nicht als Bollwerk nach außen, schachert auch nicht um die Aufnahme von Flüchtlingen, deren Kampf in Nordafrika wir in den Medien feiern. Es fängt nicht an, zur Abwehr von Fremden die Mauern innerhalb unseres Kontinents gegen das Schengener Abkommen wieder aufzurichten, sondern geht im wohlverstandenen langfristigen Interesse und mit dem Reichtum seiner historischen Erfahrungen nach draußen, um vorbeugend bei der Bewältigung von Konflikten und Übermächtigungen zu helfen. Dies wäre wieder eine Bürgertätigkeit im Dienste kluger Solidarität, die uns verbindet, indem sie den anderen ihre Aufmerksamkeit und ihre Hilfe schenkt.

In den Worten des französischen Schriftstellers Jean Giono: „... Wenn aber das Elend uns umlagert, wenn das Leid der Menschen uns verfolgt, dürfen wir uns nicht beruhigen, indem wir einander zuflüstern, dass wir glücklich, genial oder schön sind. Meine Freude wird dauern, nur wenn sie zur Freude aller Menschen wird. Ich will nicht durch die Schlachten gehen mit einer Rose in der Hand"

Die Freude an Europa wird nicht einfach über uns kommen. Aber eigentlich ist es viel besser: Wir haben es selbst in der Hand, sie für uns und für andere zu schaffen, indem wir uns als Bürger über die nationalen Grenzen hinweg aufmachen, ohne auf die Regierungen zu warten, die noch zu oft in ihrem Eigeninteresse verhakt sind, aber vielleicht mit Unternehmen und mit vielen zivilgesellschaftlichen Organisationen, Vereinen und Kommunen, die in Sachen Europa nicht so eng denken, wie die professionellen Wahlstrategen es ihnen oft unterstellen.

Vielleicht klingen die Worte der Europahymne in unseren Ohren ein wenig zu pathetisch. Und nichts ist peinlicher, auch destruktiver als hohles Pathos. Aber Pathos muss ja nicht *hohl bleiben. Ohne Leidenschaft, das wussten schon die Alten, kommt nichts in Gang. Wenn wir sie, Platons Metapher folgend, wie Pferde vor unsere Vernunft spannen, die die Zügel hält und einen besonnenen Weg bahnt, dann haben wir die Chance, ein Europa zu erreichen, an dem wir uns mit unseren Nachbarn freuen können. Machen wir uns also auf den Weg!*

Menschen auf der Flucht

Es werden wieder Mauern aufgerichtet

Die Zahl der Flüchtlinge ist in den letzten Jahren weltweit rasant angewachsen, weil sich die Konfliktherde, auch die gewaltsamen Konflikte vermehrt haben. Weder Institutionen noch einzelne Personen können gegenwärtig wirksam helfen. Es fehlt an der Fähigkeit sich zu verständigen. Es herrscht Angst vor dem Fremden. Es fehlt an politischen Lösungsversuchen. Die Governance, die politischen Entscheidungsverfahren müssen aus den jeweiligen Regionen selbst entwickelt werden. Was notwendig ist, kann man nicht einfach einführen oder ausführen. Am Scheitern vieler Versuche, vor allem in Afrika, wird die Dimension des Flüchtlingsdramas deutlich. Der Löwenanteil von Flüchtlingen wird vor allem in Afrika und im Nahen Osten aufgenommen. Zahlenmäßig ist es nur ein kleiner Teil der Flüchtlinge, die zu uns kommen. Aber die Zahl der Flüchtlinge wird sich auch bei uns in Europa weiter steigern.

Ich bin erst einmal dafür, das Terrain zu klären, in dem wir handeln und entscheiden. Man muss auch zur Kenntnis nehmen, dass technokratische Lösungen wie zum Beispiel die Errichtung von Lagern in Nordafrika, keinen Erfolg haben werden. Flüchtlinge, die dort, wo sie gerade sind, keine Lebensmöglichkeiten sehen, werden sich andere Wege suchen.

Nun hatten wir ein wirklich beachtliches Beispiel im krisengeschüttelten Italien mit der Aktion Mare nostrum, das gezeigt hat, das zumindest auf See ein humanitärer Umgang mit den Menschen auf der Flucht möglich ist. Was fehlte, war dass die anderen Länder auch solidarisch damit umgegangen wären. Jeder wird sofort verstehen, dass nicht alles an Italien und an Griechenland hängen bleiben kann. Das wird immer wieder unter den Tisch gekehrt. Es ist bewundernswert, wie gastfreundlich die Griechen trotz ihrer eigenen Schwierigkeiten immer noch sind. Ich habe auch gehört, dass es auf griechischen Inseln Sammelstellen gibt, die reine Gefängnisse sind. Und dass die Umwandlung dieser Gefängnisse in Willkommenszentren nicht erlaubt wurde, weil die EU diese Abschiebe-Gefängnisse der vorigen Regierung finanziert hat und die Finanzierung nicht umwidmen konnte oder wollte für Willkommenszentren. Hätten die Griechen selbst diese Umwandlung vorgenommen, hätten sie das Geld der EU zurückzahlen müssen. Das ist rein bürokratisch verständlich. Aber es zeigt, welcher Geist dahinter steht.

Die Idee, Solidarität zu praktizieren, indem man Quoten festlegt und die Flüchtlinge dann umverteilt, ist aus meiner Sicht nicht sehr realistisch. Ich weiß nicht, wie man die Umverteilung praktisch durchführen soll. Eine andere Möglichkeit wäre, sie dahin gehen zu lassen, wo sie hingehen wollen und dann einen finanziellen Ausgleich zwischen den Ländern in der EU herzustellen. Es ist zu erwarten, dass viele nach Deutschland wollen. Sie werden in Deutschland nicht überwiegend auf eine Willkommenskultur treffen. Aber es gibt inzwischen eine neue Gastlichkeit, die früher nicht bestand. Das ist ein Fortschritt. Soviel erst einmal zur grundlegenden Klärung des Terrains.

Jetzt stellt sich die Frage: Wo haben wir Handlungsmöglichkeiten? Ich glaube alle Versuche, Mauern aufzurichten, werden scheitern. Auch die Versuche, die Schlepperboote zu versenken. Ganz abgesehen davon, welches Denken hinter solchen Vorschlägen steht.

Wir stoßen immer wieder auf die Problematik, dass die Solidaritätsbereitschaft, jedenfalls in der öffentlichen Rhetorik unserer Politiker, in den letzten Jahren abgenommen hat. Das mag auch an der laufenden Krise liegen. Ich habe den Eindruck, dass die ärmeren Länder im Süden des Kontinents mehr bereit sind, Solidarität mit den Flüchtlingen zu üben als die reicheren Länder im Norden. Das ist auch nicht ganz ungewöhnlich.

Was mich aber sehr enttäuscht, ist die Reaktion der mittel- und osteuropäischen Staaten. Ich war bislang der Meinung, dass bei den Polen das Wort Solidarität positiv besetzt sei. Da bin ich mir jetzt nicht mehr sicher. Deren Haltung enttäuscht mich schon.

Analytisch führen diese Beobachtungen und Feststellungen zu dem Schluss, dass auf Deutschland eine zusätzliche Verantwortung zukommt. Wenn man das Prinzip Freiwilligkeit gelten lassen wollte, ist es so, dass die Menschen in das Land kommen, in dem sie mehr Chancen für sich sehen. Das ist eine ganz banale Tatsache. Es bleibt die Frage, ob es theoretisch und politisch eine Möglichkeit gibt, in Deutschland offener zu werden.

Es gibt einige Personen bei uns, dazu gehört auch der Bundespräsident, die immer wieder anmahnen, dass wir offener werden sollten. Es gibt auch einige wirtschaftliche Interessen, die dafür sprechen, die Flüchtlinge nicht gleich wieder wegzuschicken, sondern sie als Arbeitskräfte in die Gesellschaft einzubeziehen. Das geschieht manchmal auch aus humanitären Motiven. Aber vor allem ist es betriebswirtschaftlich begründet. Das ist auch nicht schlecht, wenn damit etwas Positives erreicht wird. Als konstruktive Lösung sehe ich nur, das wird ja auch gefordert, dass man ein Einwanderungsgesetz verabschiedet, dass man viel mehr Menschen einwandern lässt als bisher, dass man großzügig ist in der Investition, die deutsche Sprache zu erlernen, aber auch die Muttersprache der Flüchtlinge zu pflegen.

Was mich sehr freut ist, dass es in Deutschland inzwischen eine große Zahl von Menschen gibt, die selbst initiativ werden. Es sind mehr als vor dreißig Jahren. Das hat man auch bei den Demonstrationen gegen Pegida gesehen. Da ist eine positive Entwicklung in Deutschland zu verzeichnen.

Was oft negativ auftaucht und scharf ins Auge sticht, ist nicht die Mehrheit. In Freital in Sachsen demonstrierten ca. 100 Personen gegen die Aufnahme von Ausländern im Ort, 600 etwa waren dafür. Das ist wirklich beachtlich. Das ist ein Fortschritt. Wenn unsere verantwortlichen Politikerinnen und Politiker, vor allem die, die gerade an der Regierung sind, mehr Mut hätten, die positiven Aspekte anzusprechen und nicht immer auf die vermuteten Wahlresultate schielen würden, würde das gastfreundliche Reservoir, das wir in der deutschen Gesellschaft inzwischen haben, gestärkt und ermutigt werden.

Es kann auch eine Glückserfahrung sein, den Menschen, die auf der Flucht und in Not sind, so zu helfen, dass daraus ein partnerschaftliches Verhältnis entsteht. Das ist natürlich nicht leicht. Die Menschen, die zu uns kommen, haben ganz andere Lebensgewohnheiten als wir. Das darf man nicht idealisieren. Aber man muss eben auch die Chance sehen, die daraus erwachsen kann.

Die Angst vor dem Fremden

Alles hängt davon ab, wie wir uns selbst verstehen

Es gibt eine berühmte Äußerung von Sigmund Freud in seinem Briefwechsel mit Albert Einstein über die Möglichkeit, den Krieg abzuschaffen. Freud war der Auffassung, dass das nicht möglich sein wird, weil die Menschen seit jeher und immer weiter das Andere als Angriff auf sich und die eigene Lebensart verstehen werden. Ich glaube das liegt daran, dass Freud eine Hobbesianische Anthropologie hatte: dass der Mensch prinzipiell dem Menschen ein Wolf ist. In dieser Hinsicht war Freud sehr autoritär und undemokratisch. Es folgt einer bestimmten philosophisch-anthropologischen Prämisse, wenn man annimmt, dass die Menschen, wenn sie auf ihren Naturzustand zurückgeführt werden, gegeneinander losgehen. Wenn man davon ausgeht, muss man der Auffassung sein, dass es auf Dauer nicht zu einer friedlichen Lösung grundlegender Konflikte kommen kann. Das ist auf der Basis dieser Anthropologie nachvollziehbar.

Aber ich glaube, dass man, wenn man mit einem soliden Selbstwertgefühl aufgewachsen ist, nicht notwendig Angst oder Abwehr vor dem Fremden und dem Anderen empfinden muss. Das ist eine psychologisch-philosophische Frage.

Ich will gar nicht bestreiten, dass, wenn ich zum Beispiel in einem Land im Nahen Osten in einem Fahrstuhl stehe und Personen in nächster Nähe vor mir habe, die ich in der Gestik, in der Mimik, von der Kleidung her gar nicht deuten kann, dass ich dann auch ganz emotional mich frage: „Huch! Mit wem habe ich es hier zu tun?" Aber meine Erfahrung sagt mir: Wenn ich einmal länger in der fremden Umgebung bin und das besser einschätzen kann, dann muss daraus keine Abneigung oder gar Hass entstehen.

Alles hängt davon ab, wie wir uns selbst verstehen. Ob wir tiefenpsychologisch das Andere oder die Anderen in uns anerkennen, annehmen. Ich glaube, dass wir leider immer noch eine autoritäre Schicht in uns haben, auch in der Erziehung und in der Bildung, die eben über Misstrauen, über Zwang, über Furcht, über Einschüchterung wirkt und dann auch die Angst vor dem Anderen, dem Fremden auslöst. Man muss keine Angst vor dem Fremden haben, wenn man mit einem gesunden Selbstvertrauen aufgewachsen ist.

Das ist eine reziproke Wahrnehmung: Wenn ich mir vertraue, dann vertraue ich auch Anderen, dann kann ich auch riskieren, dass mein Vertrauen enttäuscht werden kann. Ich bin also nicht wie Freud der Meinung, dass das Andere negativ auf mich wirken muss. Sondern dass man daran etwas ändern kann. Dort, wo es diese autoritären Segmente gibt, es gibt sie immer noch sehr ausgeprägt in unserer Gesellschaft, besteht die Angst vor dem Fremden allerdings weiter fort.

Wenn man mit Personen, die gerade sehr ärgerlich sind, die sehr zornig reagieren oder die einem ganz fremd sind, freundlich umgeht, ihnen offen begegnet, dann sind sie oft so verblüfft darüber, dass man sie freundlich anspricht, dass sie sich sofort entspannen. Diese Erfahrung habe ich immer wieder gemacht. Aber ich habe auch andere Erfahrungen gemacht. Ich hatte einmal in der S-Bahn eine Auseinandersetzung mit jemandem, der laut in die Menge rief: „Alle Muslime gehören raus aus Deutschland, gehören vergast!" Da bin ich eingeschritten, das darf meines Erachtens im öffentlichen Raum nicht ohne Widersspruch gesagt werden. Da habe ich in der S-Bahn aber leider keine Unterstützung bekommen. Aber – noch einmal und immer wieder: Es gibt auch positive Erfahrungen.

Anknüpfungspunkte zur praktischen Umsetzung

Ich will, dass das Positive zum Durchbruch kommt

Immer wieder werde ich gefragt, woher ich meinen Optimismus nehme. Ich weiß nicht, ob ich mich naiv als eine optimistische Person in dem Sinne verstehe, die sagt: Es wird schon alles gut werden. Diese Haltung ist zwar vielleicht auch ein Teil von mir. Meine Tochter hat mir neulich einmal gesagt: „Du hast uns immer in schwierigen Situationen vermittelt: Mach das Beste daraus!" Mir war das gar nicht bewusst. Es war aber in der Tat immer mein Begehr, zu schauen, nachdem ich das Terrain analytisch geklärt habe, wo es positive Anknüpfungspunkte gibt. Ich will, dass das Positive zum Durchbruch kommt. Das ist mein Wunsch. Ich möchte – mit Immanuel Kant – die Geschichte, die eigentlich keine Richtung hat, so interpretieren, dass sie zu einem Weltbürgertum führt. Deswegen schaue ich, wo es empirische Ansatzpunkte gibt, die eine solche praktische Absicht stützen und unterstützen können. Das ist eine grundlegende Methode, die ich verfolge. Sie ist nüchtern und klarsichtig und zugleich mit dem Willen und der Absicht verbunden, dass die Welt besser werden möge.

Ich suche immer Schritt für Schritt wo positive Anknüpfungspunkte sind. Innerweltlich und zwischenmenschlich möchte ich einfach nicht leiden und andere auch nicht leiden sehen. Ich suche nach Lösungen, mit denen das möglich ist. Das ist ein ganz tiefer Wunsch von mir. Ich eigne mich nicht zur Masochistin. Ich nehme das Versprechen Gottes ernst und versuche mich durch den Glauben ermutigen zu lassen, dass unsere Schöpfung eine gute Schöpfung ist, dass sie nicht zum Untergang verdammt ist. In diesem Rahmen ergibt es für mich auch Sinn, mich zu engagieren. Es ist mir viel wohler, wenn ich mich für ein positives Ziel einsetze, als wenn ich mich vergrabe und sage: Die Welt ist schlecht.

Wir leben, daran glaube ich, in einer Welt, die trotz allen Unglücks uns zum Heil geschaffen worden ist. Das ist mein Anker, der mir die Chance gibt, mir alles genau anzuschauen. Wenn ich nicht diesen Glauben hätte, dann würde ich versuchen, von vorneherein nur Ausschnitte der Wirklichkeit zu sehen, damit ich nicht entmutigt werde. Im Gegenteil: Ich fühle mich von meinem Glauben dazu befreit, die Realität in all ihrer Schrecklichkeit anzuschauen – und trotzdem nicht aufzugeben. Glaube als Befreiung, nicht als Gehorsam, ist für mich das zentrale Verständnis. Dieses Grundversprechen Gottes für eine gute Schöpfung bedeutet mir große Ermutigung. Man kann übrigens auch die kleinen innerweltlichen Ermutigungen sorgfältig bemerken, wenn man mit der Grundeinstellung lebt, dass nichts selbstverständlich ist, schon gar nicht, dass das Gute einfach selbstverständlich wäre. Für mich ist es eine Glückserfahrung, dass es bei diesem Bemühen viele Menschen gibt, die genauso ticken wie ich. Letztlich ist es die Gemeinschaft mit anderen Menschen, die mich stärkt.

Es gibt heute keine Situation, die mich restlos verzweifeln lässt. Während meiner Depression war das dagegen der Fall. Aber danach nicht mehr. In meiner Depression habe ich keinen Ausweg mehr gesehen, hoffte nicht mehr, dass es besser werden könnte. Ich habe mir einfach den Tod gewünscht.

Was die Frage nach den Flüchtlingen betrifft, um darauf noch einmal zurück zu kommen, bin ich vorsichtiger. Ich schaue, welcher Weg für eine Lösung gangbar wäre. Wenn ich nicht die Hoffnung hätte, dass es einen gibt, dann müsste ich aufgeben.

Wir sollten auch die Augen nicht davor verschließen, dass wir in Deutschland schon spürbare Lernprozesse zum Positiven hin durchlaufen sind. Da ist in der deutschen Gesellschaft doch schon vieles gelungen.

Als Beispiel nenne ich das Thema Homosexualität. Während ich persönlich in dieser Hinsicht erst einmal Vorbehalte überwinden musste, ist das für meine Tochter überhaupt kein Thema mehr. Das finde ich wunderbar. Bei mir ging das noch über den Kopf. Da wird der Generationenunterschied deutlich. Ich wusste ja im Alter von zwanzig Jahren gar nicht, dass es so etwas wie Homosexualität überhaupt gibt. In meiner Familie war schon das Wort „erotisch" schmuddelig. Von „Sexualität" einmal ganz abgesehen.

Gewohnheit macht vieles einfacher. Wenn man in einer Gesellschaft lebt, in der man dauernd Schwarze sieht, ist die Situation eine völlig andere, als wenn man in einer Gesellschaft lebt, in der man zum ersten Mal Schwarze sieht. Nicht von Ungefähr ist die Aversion gegen sie dort am Stärksten, wo es sie gar nicht gibt! Da, wo keine Muslime leben, grassieren Vorurteile gegen Muslime, da wo keine Juden leben, ist man antisemitisch. Das kennen wir aus der Vorurteilsforschung.

Verschiedene Wege
gesellschaftlichen Engagements

Nicht schlafen! Wach sein!
Genau hinsehen!

Ich komme aus einem politisch linken Hause. Es ist mir nie in den Sinn gekommen, dass ich rechts sein könnte. In der 1968er–Diskussion habe ich mich vorwiegend mit dem Linksradikalismus auseinander gesetzt, weil ich ihn als unmenschlich empfunden habe. Und ich habe mich mit dem Kommunismus auseinander gesetzt. Politisch-systemisch war ich strikt antikommunistisch und bin es auch heute noch, weil ich für die Demokratie stehe. Ich habe nicht vergessen, dass meine Eltern, die ja auch mit Kommunisten zusammen in der Zeit des Nationalsozialismus Widerstand geleistet haben, enttäuscht darüber waren, was ihre Freunde in der DDR über die kommunistische Praxis berichtet haben. Da bin ich entschieden und sehe keinen Anlass, meine Position zu ändern. Dass es auch Kommunisten mit klaren humanitären Motiven gab, habe ich immer eingesehen. Hier stimme ich Hannah Arendt zu. Sie hat unterschieden: Strukturell sind die Totalitarismen Stalinismus und Nationalsozialismus analog, aber von der Absicht her sind sie verschieden.

Dass ich nach 1968 als rechte Sozialdemokratin galt und vielleicht heute noch gelte, lag im Wesentlichen daran, dass ich antikommunistisch war. Aus diesem Grund habe ich auch 1979 die zweite Phase der Entspannungspolitik kritisiert. Dass Willy Brandt im Vorwort zur Neuauflage des diesbezüglichen Parteiratsbeschlusses geschrieben hat, es sei gut, dass der Konflikt zwischen Ost und West in einen Dornröschenschlaf gefallen sei, fand ich falsch. Der Ost-West-Konflikt war kein theoretischer Konflikt. Er war ein handfester, für viele Menschen existentieller, systemischer Konflikt, der aus meiner Sicht nicht schlafen, sondern aufgenommen und bearbeitet werden sollte. Nicht schlafen! Wach sein!

Ich will nicht verhehlen, dass ich im universitären Milieu, in dem ich damals gelebt habe, im Habitus heute einiges anders einschätze. Damals habe ich noch nicht erkannt wie die Bedingungen meines Aufwachsens mein Leben positiv geprägt haben, verglichen mit vielen jungen Frauen aus meiner Generation, die zum Teil sehr aggressiv-feministisch geworden sind. Ich habe nach meiner schweren Zeit viel besser gelernt, mich in andere hinein zu versetzen, auch meine eigene Voraussetzungshaftigkeit zu erkennen und weniger entschieden aufzutreten, offener zu sein. Da hat sich schon etwas bei mir verändert. Nicht politisch-systemisch, aber im Habitus, also vorsichtiger zu sein und die Voraussetzungen des eigenen Lebens und Denkens mehr einzubeziehen.

Dabei ist mir bewusst: Ich wirke schon sehr entschieden. Ich möchte mich auch der Verantwortung, mich zu entscheiden, nicht entziehen. Aber ich möchte auch vorsichtig sein. Es ist nicht leicht, sich im Nachhinein selbst zu beurteilen. Manchmal lese ich Texte von mir, bei denen ich mich wundere, sie einmal geschrieben zu haben. Mit denen bin ich heute, zumindest im Stil, nicht mehr einverstanden. Aber auch Texte, angesichts derer ich beruhigt feststelle: Manchmal warst du schon damals sehr differenziert in deiner Analyse und in deinem Urteil. Es gibt beides. Ich möchte immer mehr lernen, dass man aus einer anderen Perspektive und Lebenserfahrung heraus zu einem anderen Schluss kommen kann. Das heißt nicht, dass man aufhören wird zu diskutieren und zu argumentieren, wenn man sich verständigen will. Aber: Es gibt nicht nur einen logischen Weg und eine logische Antwort. Zum Beispiel:

Ich habe mich immer gegen den Begriff „Demokratischer Sozialismus" gewehrt, weil ich glaube, dass er ein neues System suggeriert, das wir Sozialdemokraten gar nicht wollen. Wir wollen den sozialen Ausgleich in der Demokratie. Dann aber habe ich gelernt, dass für viele Sozialdemokraten der Begriff „Demokratischer Sozialismus" so untrennbar zu ihrem Überzeugungssystem gehört, dass sie sich den nicht ausreden lassen wollen – selbst wenn sie inhaltlich mit mir übereinstimmten. Ich habe zwanzig Jahre nach 1968 verstehen gelernt, warum ich mit Leuten damals so aneinandergeraten bin, mit denen ich nachher eng zusammen gearbeitet habe.

Damals habe ich gar nicht bemerkt wie ungewöhnlich meine Familie im Nachkriegsdeutschland war, konnte die Ressentiments nicht einschätzen, die es bei jungen Leuten gegen ihre Herkunftsfamilien gab, die aus einem Nazi- oder aus einem reaktionär-katholischen Milieu kamen. Die Wut, die sich da angestaut hatte, konnte ich nicht einordnen. Erst als ich das lernte, verstand ich, warum ich mit ihnen aneinander geraten war, warum sie in ihrem Habitus das wiederholt haben, was sie inhaltlich bei ihren Eltern verurteilt haben.

Dadurch hat sich mir wieder eine neue Perspektive eröffnet. Man könnte sagen, dass ich dadurch linker geworden bin. Ich meine aber, dass ich dadurch verstehens- und verständigungsfähiger geworden bin. Im Impetus war ich nie rechts. Ich wollte auch nicht alle verurteilen, die im Kommunismus aus Überzeugung gelebt haben. Aber dann habe ich nach 1989 auch gemerkt, wie viele, mit denen ich an der Hochschule eng kooperiert habe, auch mit meinem verstorbenen Mann, plötzlich nicht nur Pluralismus in der Wissenschaft wollten, was ich nach wie vor wichtig finde. Viele zeigten sich dann sehr konservativ, sehr oberschicht-spezifisch, z. T. auch sehr nationalbewusst. Da gehörte ich nicht hin. Meine Eltern waren weit entfernt von einer betont nationalen Haltung. Sie waren Weltbürger. Sie waren europäisch. Sie waren transnational – aber mit der Verantwortung für die Nation, in der man aufgewachsen ist.

Diese Entwicklung hat mir gezeigt, dass man manchmal in Koalitionen arbeitet, wo man sich nachher fragt: Wie konntest du mit denen in einer Koalition sein?

Das waren für mich interessante Erfahrungen. Menschen sind nicht immer ganz grau und nicht immer ganz schwarz. Man muss genau hinschauen und sehen, wo die Position eines Menschen ihre biografischen Wurzeln hat.

Unterscheidung ist eine Frage der Gerechtigkeit

Menschen sind nicht homogen

Anderen und mir selbst die Last der Differenzierung, der Unterscheidung zuzumuten, ist für mich nicht nur eine intellektuelle Frage, sondern eine Frage der Gerechtigkeit. Ich möchte den Menschen gerecht werden. Wenn ich entsetzt bin über bestimmte Nationalismen, dann muss ich mich fragen: Habe ich das vorher alles nicht gesehen? Oder: Wie kommen sie dazu? Und: Was gibt es bei ihnen noch?

Meine Lebenserfahrung hat mir gezeigt, dass Menschen nicht homogen sind. Auch in ihren Lebensläufen nicht. Das ist gut so. Denn wenn sie homogen wären, dann könnten wir trotz Verschiedenheit nicht mehr mit ihnen zusammenkommen. Wenn ich glaube, dass man sich über Argumentation, aber auch durch Empathie – beides muss sein – verständigen kann, dann muss ich davon ausgehen können, dass es etwas gibt, was ich mit Menschen, die andere Positionen einnehmen als ich, gemeinsam habe.

Das heißt: Differenzierung ist die Voraussetzung dafür, zu einer wirklich tragfähigen Verständigung zu kommen. Nicht zu einer Entscheidung, die andere einfach durchhaut und festlegt. Ich gelte ja nicht als meinungslos, sondern als durchaus entschieden. Aber meine Entscheidungen sollen so gut wie möglich begründet sein – hier zeigt sich noch einmal der Einfluss meines Vaters.

Und wenn man anfängt zu begründen, muss man die eigene

Begründung hinterfragen. Dass ich einigen damit auf die Nerven gehe, das ist sicher so. Früher wollte ich gerne mit allen Menschen gut stehen. Das geht nicht.

Mein Eintritt in die SPD

Ich wurde zur Solidarität erzogen

Immer wieder werde ich gefragt, warum ich in die SPD eingetreten bin. Es gab damals SPD, CDU und FDP. Die CDU kam für mich grundsätzlich nicht in Frage. Trotz des „Christentums". Ich habe sogar dafür gebetet, dass Konrad Adenauer endlich aufhört. Die FDP kam auch nicht in Frage. Das war ein anderes Milieu. Es kam nur die SPD wirklich für mich in Frage. Ich wollte mich engagieren und hatte zudem einen großen Respekt vor der Tradition der Partei.

Meine Mutter war in der GVP Gustav Heinemanns gewesen. Für sie habe ich mit zwölf Jahren Wahlzettel ausgeteilt. Sie ist dann mit vielen, mit Johannes Rau und Erhard Eppler zum Beispiel, in die SPD eingetreten. Für mich war die SPD gleichbedeutend mit „Sozialer Gerechtigkeit", „Sozialer Demokratie". Mein Vater war ein Volksschullehrer, meine Mutter Fürsorgerin. Ich wurde erzogen zur Solidarität. Konkret war es die Entspannungspolitik, die mich in die Partei eintreten ließ. Mir hat imponiert, wie Willy Brandt für die Anerkennung der Oder-Neiße-Grenze eingetreten ist. Das war die erste und einzige Kampagne, bei der ich einen Sticker getragen habe. Das fand ich große Klasse.

1972 bin ich in die SPD eingetreten. Aber als dann Willy Brandt im selben Jahr einen flächendeckenden Wahlsieg errungen hatte, da war ich ein bisschen in Sorge. Ich habe immer Sorge, wenn etwas zu flächendeckend ist, wenn ein Sieg zu groß ist. Innerparteilich habe ich damals eher zum rechten Flügel gehört. Willy Brandt habe ich damals eine Sowohl-als-Auch-Politik vorgeworfen. Die fand ich furchtbar. Deswegen habe ich ihn auch als Parteiführer heftig kritisiert. Aber seine Ost-Politik war im Ansatz großartig. Etwas anderes als die SPD kam für mich überhaupt nicht in Frage.

Die Grünen gab es damals noch nicht, und ich hätte sie auch ganz lang nicht gewählt. Heute sind sie mir in der Mentalität und in der Argumentation oft sehr nahe, und ich tue mich leichter mit ihnen. Aber sie decken weite Teile des gesellschaftlichen Spektrums nicht ab, für die ich mich mitverantwortlich fühle.

Religiöse Gründe für meinen Eintritt hatte ich nicht. Aber mein ganzes Demokratie- und Politikverständnis ist sehr stark durch den Glauben beeinflusst und gefärbt. Klar! Nicht durch Kirchenzugehörigkeit! Das Verständnis von Christentum in der CDU fand ich zu konventionell und zu konservativ.

Die erste Kandidatur zur Bundespräsidentin 2004

Menschen miteinander ins Gespräch bringen

Ich war in den USA und hatte an der Harvard-Universität Gespräche. Da erhielt ich plötzlich die Nachricht, dass Gerhard Schröder, der damalige Bundeskanzler, mit mir sprechen wollte. Erst mit einiger Mühe habe ich herausbekommen, wie ich ihn anrufen konnte. Ich hatte seine Telefonnummer nicht. Die Verbindung ist dann zu Stande gekommen. Schröder sagte mir, dass es auf Seiten der CDU drei mögliche Kandidaten für das Amt des Bundespräsidenten gäbe. Er rechne damit, dass es auf Horst Köhler hinauslaufe. Dann wäre es doch sinnvoll, dass die SPD jemand dagegen stellte, eine Frau. Und er fragte mich, ob ich zu dieser Kandidatur bereit sei.

Die grundsätzliche Bereitschaft hatte ich sofort. Aber ich wollte mir noch etwas Zeit ausbedingen. Peter Eigen und ich haben das dann miteinander besprochen. Wir lebten damals ja noch in „wilder Ehe" und überlegten, ob wir deswegen heiraten sollten. Das war abends. Am nächsten Morgen wollten wir noch einmal darüber sprechen. Aber mitten in der Nacht rief mich mein persönlicher Referent von der Viadrina-Universität an und teilte mir mit, dass in der Pressestelle der Universität lauter Anfragen eingingen wegen meiner Kandidatur für die Bundespräsidentschaft. Das fand ich schon stark! Gerhard Schröder hatte mit den Grünen zusammen einfach eine Pressekonferenz einberufen und verkündet, dass die gemeinsame Kandidatin Gesine Schwan heiße.

Es schien alles so einfach. Erst hinterher habe ich begriffen, welche Bedeutung diese Harvard-Erwählungsstory für meine Beliebtheit hatte. Sie entsprach dem Klischee: Da ist die Frau, die von dem mächtigen Mann erwählt wurde! Sie hat sich nicht selbst bemüht, ins Amt zu kommen! Sie ist in Harvard! Sie ist überrascht! Sie ist bescheiden! Wunderbar! Das spielte eine große Rolle für die Sympathie.

Ich hatte es bei dieser ersten Kandidatur ganz leicht und habe sehr viel Zustimmung bekommen. Die SPD war ganz begeistert. Franz Müntefering schickte mich danach noch gleich in den Bundestagswahlkampf, um die Zustimmung zur SPD bei den Wahlen zu steigern. Alle waren verblüfft, dass ich so viel Sympathie erntete. Auch die Journalisten waren erstaunt, dass ich auf ihre Fragen wirklich einging und antwortete!

Am Ende der Kandidatur ist es mir auch gelungen, die Mitglieder des Kabinetts, die sich öffentlich oft widersprachen, miteinander ins Gespräch zu bringen. Das war für mich eine tiefe Erfahrung. Menschen miteinander ins Gespräch zu bringen, ist für mich ein existentieller Modus.

Die zweite Kandidatur 2009

Es geht mir um die Stärkung der Demokratie

Ich wollte dann eine zweite Kandidatur für die Wahl im Jahre 2009. Da war aber die Situation schon sehr anders. Man hatte sich mit Horst Köhler eingerichtet. Gegen einen amtierenden Präsidenten anzutreten, war völlig neu. Einige Herren hatten Köhler schon versprochen: Das geht weiter so! Meine Idee war, dass ich dazu beitragen könnte, die Demokratie in Deutschland tiefer zu verankern. Das war mein Wunsch. Es ging mir nicht um die Stärkung der Reputation einer Person, sondern um die Stärkung der Demokratie.

Ich hatte verschiedene Entwicklungen wie etwa den Verlust der erneuten Landtagswahlen in Hessen, auch den Wechsel von Kurt Beck zu Franz Müntefering im Parteivorsitz der SPD nicht eingerechnet. Franz Müntefering war zuerst öffentlich für meine Kandidatur, rückte dann aber zunehmend von dieser Position ab, vermutlich weil er Sorge hatte, dass die Linke mich mit wählen müsste – was sie im zweiten Wahlgang wohl auch gemacht hätte. Da war aber die Phobie, die heute noch dieselbe ist: Das darf nicht sein! Das war also eine komplexe Mixtur von politischen Gründen, die wirksam wurden.

Ich bin dann ein Jahr öffentlich aufgetreten und habe viel dabei gelernt. Im Ganzen, glaube ich, hat das weder der Partei noch mir geschadet. Für mich hatte sich so die Möglichkeit ergeben, meine Themen mehr in die Öffentlichkeit zu bringen, mehr in die politische Öffentlichkeit hinein zu wirken. Ich bin gerührt davon, das ist ja jetzt sechs Jahre her, wie viele Menschen mir immer noch, in der S-Bahn und auf der Straße dafür danken, dass ich das gemacht habe. Das freut mich, dass bei ihnen offenbar die Botschaft angekommen war, die ich senden wollte: Die Bereitschaft für mehr Offenheit in der demokratischen Praxis.

Jetzt kann man sagen: Ich bin zweimal gescheitert. Aber ich habe das nicht als persönliches Scheitern empfunden. Das man in der Politik verlieren kann, das ist doch klar. Man kann in der Politik unter bestimmten Wertaspekten Recht haben und doch nicht gewählt werden. So ist das in der Demokratie. Zu ihr gehört der Wettbewerb um Zustimmung. Natürlich bin ich in dem Sinne gescheitert, dass ich faktisch nicht gewonnen habe. Das ist richtig. Natürlich hat es mir beim zweiten Anlauf schon einen Stich gegeben, weil ich es anders errechnet hatte. Noch bevor ich unmittelbar nach dem Wahlergebnis im Bundestag Horst Köhler persönlich gratuliert habe, dachte ich mir: „Ja, das ist jetzt bitter! Aber du hast schon ganz andere Sachen durchgestanden, das ist nicht zentral, nicht existentiell für dich!" So ist es auch geblieben.

Ich musste dann erst einmal wieder zur Ruhe kommen.

Viele wichtige Erfahrungen habe ich bei diesen zwei Versuchen gemacht. Zum Beispiel auch im Umgang mit Medien. Das hat mir viele Einsichten vermittelt. Meine beiden Kandidaturen kann ich für die Politik, die ich befördern möchte, meinerseits nur als einen Gewinn ansehen.

Eine Frage der Gerechtigkeit

Für Verständigung sorgen

Ich möchte eine Politik befördern, in der Menschen unter rechtsstaatlichen, verfassungsmäßigen Bedingungen dazu kommen, sich freiwillig und offen über ihre gemeinsamen Angelegenheiten zu verständigen und zu entscheiden und dann auch gemeinsam die Folgen ihrer Entscheidung zu verantworten und zu tragen. Konkret möchte ich immer für Verständigung sorgen. Das ist eine Frage der Gerechtigkeit.

Aber sorgen möchte ich auch dafür, dass vernünftige Politik gemacht wird. Zum Beispiel: Familienpolitik. Seit Jahren verfolge ich das Modell der partnerschaftlichen Familie als öffentliches Gut. Ich möchte, dass in der Familie die Rollenverteilung zwischen Familienarbeit und Beruf partnerschaftlich entschieden werden kann, dass beide beides machen können. Dazu sind politische Rahmenbedingungen nötig, die nicht gegeben sind. Auch unternehmerische Rahmenbedingungen sind notwendig, die nicht gegeben sind. Wenn das gelänge, würden viele Familien viel glücklicher leben, wäre auch die politische Kultur der Partnerschaftlichkeit viel tiefer verankert, würden Männer mit Schwäche besser umgehen lernen – was sehr wichtig ist –, würden Frauen sich mehr im öffentlichen Leben bewähren können. Familie würde besser lebbar, wenn beide Partner weniger Berufsarbeit zu leisten hätten. Das gilt nicht nur für kleine Kinder, das gilt auch für Kranke und pflegebedürftige alte Menschen, das gilt für alle!

Ich glaube, dass die repräsentative Demokratie auf der nationalstaatlichen Ebene bisher die beste Form für ein freiheitliches Zusammenleben ist. Aber: Es gibt ganz viele systemische, strukturelle Gründe, warum die Output-Legitimation, das heißt die Ergebnisse, bislang nicht befriedigend sind. Im Wesentlichen, weil in einer komplexen Gesellschaft Parteien und Regierungen allein als Koalitions- und Wettbewerbsgebilde nicht mehr die Gesellschaft zusammenführen können, und weil wir grenzüberschreitende Probleme haben, die ein Nationalstaat nicht mehr lösen kann. Deswegen muss aus den Gesellschaften heraus innerhalb eines Nationalstaats, aber auch grenzüberschreitend, viel mehr Verständigung über politische Aufgaben vorbereitet werden. Dabei kommt der organisierten Zivilgesellschaft, sofern sie gemeinwohlorientiert ist, eine ganz entscheidende Rolle zu. Ohne sie würden wir viele Dinge gar nicht wissen. Sie deckt vieles auf. Die Kontrollfunktion des Parlaments funktioniert zum Teil, aber nur zum Teil, nicht ausreichend. Alles muss grenzüberschreitend ergänzt werden. Das alles sind Politiken, für die ich arbeite. Das tue ich auch aktuell. Das ist nicht immer einfach und braucht auch eine gehörige Portion an Geduld. Die Aufgaben werden komplizierter.

Subjektiv gesehen ist immer alles unübersichtlich gewesen. Aber es wird schwieriger. Deswegen sind wir auch sehr auf die Kommunikation mit anderen angewiesen. Für mich persönlich ist die Kommunikation mit meinem Mann Peter Eigen ganz zentral wichtig. Er kommt aus zwei Welten, die ich nicht kenne. Die eine: fünfundzwanzig Jahre Weltbank, wo alle Fragen, die wir jetzt mit Griechenland haben, in Lateinamerika schon anstanden. Dafür war er damals dort zuständig. Durch ihn ist mir aber auch die andere Welt, die der organisierten Zivilgesellschaft, viel vertrauter geworden.

Das Einordnen von Problemen habe ich in meinem Beruf ziemlich lange trainiert. Das traue ich mir zu. Das ist immer unter philosophischen und politiktheoretischen Gesichtspunkten meine Aufgabe gewesen. Das ist auch mein Wunsch. Ich will immer das Terrain theoretisch klären und wissen: Wo bin ich, was mache ich, wie handle ich? Es ist meine Erfahrung, dass die faktische Unübersichtlichkeit, was die Analysekategorien und die Ordnungsvorstellungen angeht, ein bisschen gelichtet werden kann, wenn man sich auf die Sachen wirklich einlässt.

Wir haben uns angewöhnt, in der internationalen Politik von einer Staatenwelt zu sprechen. Die Staaten haben unterschiedliche Systeme und Ordnungen. Nur ein kleinerer Teil ist demokratisch und auch der lässt, was die wirkliche Demokratie angeht, oft zu wünschen übrig. Das ist einmal gegeben. Dann haben wir internationale Organisationen, die alle auf Staaten aufbauen. Wir können feststellen, dass diese Staaten in ihrer Legitimations- und Machtgrundlage nicht in der Lage sind, grenzüberschreitende Probleme gezielt und entschlossen anzugehen.

Durch die ökonomische Globalisierung sind heute noch andere Akteure hinzugekommen, die auf politische Entscheidungen, die sogenannte Governance, einwirken. Weder NGOs noch Unternehmen sind demokratisch legitimiert. Aber NGOs können demokratische Ziele anstreben, können demokratische Werte verfolgen und helfen, diese zu verwirklichen. Unternehmen sind auch nicht demokratisch, etwa durch Wahlen legitimiert, aber sie sind – oft grenzüberschreitend – mächtig. Deswegen haben sie aus meiner Sicht auch eine Verantwortung bei der politischen Regelsetzung, entsprechend global anerkannten Normen, zu helfen. Sie ist auch Voraussetzung ihres eigenen Erfolges. Die Legitimation dessen, was da entsteht, kommt entweder durch Input-Legitimation (z.B. Wahlen) von staatlicher Politik zustande. Oder dadurch, dass die Akteure, NGOs und Unternehmen, entsprechend den international verabschiedeten

Menschenrechten handeln. Das ist auch eine demokratische Legitimation. Das, was bei einer solchen Governance herauskommt, ist nicht so übersichtlich wie ein Nationalstaat oder wie ein Netz von Nationalstaaten. Aber NGO's und Unternehmen können dieses Netz von Nationalstaaten durch zahlreiche Brückenkooperationen etwa mit Verbänden und Gewerkschaften knüpfen helfen. Das ist ein vernetzter Komplex. Da können sie ihren Ort finden. Und sie können den großen Pressuregroups auf dem Finanzmarkt, die über Millionen von Dollars verfügen, etwas entgegensetzen. Das mag nicht zureichend sein. Es ist aber wichtig.

Soweit mein Versuch einer Ortsbestimmung. Damit schwimme ich nicht mehr in einem unübersichtlichen Ozean. Ich sage nicht, dass Verstehen schon Beherrschen oder Kontrollieren ermöglicht. Das ist eine traditionelle abendländische Idee: Wenn man eine Sache verstanden hat, kann man sie auch beherrschen. Nein! Wissen ist Macht – zum Teil –, aber nicht so, dass man durch Wissen über alles die Macht hat. Wissen schließt auch Ohnmacht ein, weil immer neue Fragen aufkommen. Die letzliche Macht kommt von oben, vom lieben Gott.

Das Leid in der Welt und die Verantwortung des Menschen

Hiob ist für mich die Antwort

Albus:

Sie sprechen immer wieder vom „lieben Gott". Mir fällt es angesichts dessen, was faktisch in der Welt, nicht nur aktuell, durch Menschen geschieht, immer schwerer vom einem „lieben" Gott zu sprechen. Damit steht, für mich, die Frage der Theodizee im Raum: Die Verteidigung Gottes angesichts des Leids in der Welt. Im Blick darauf wie die Geschichte tatsächlich gelaufen ist, könnte ich auf die Theodizee verzichten. Ich frage heute: Was ist angesichts des Leids in der Welt von der Verantwortung des Menschen selbst zu halten? Die Rede von Gott, gar noch von einem lieben Gott, möchte ich gerne ausklammern.

Schwan:

Ich weiß, dass ich das ironisch sage ...

Albus:

Das ist für mich, wenn ich Tod, Untergang und Scheitern erlebe, eine Leerstelle, auf die ich keine Antwort finde. Da bewegt sich nichts mehr. Ich frage nach der Verantwortung des Menschen für das, was er andern, auch sich selbst, zufügt. Ich möchte Gott erst einmal aus dem Spiel lassen.

Schwan:

Klar, das verstehe ich. – Aber dann bin ich ja noch hilfloser! Ich kann meine Verantwortung, die ich wahrnehmen muss, besser wahrnehmen, wenn ich den Schub spüre, dass nicht alles hoffnungslos ist. So einfach ist das. Wenn Sie die Theodizeefrage ansprechen, die man ja manchmal auch aus ganz privaten Gründen stellt, aber auch aus weltweiten, dann ist Hiob für mich die Antwort: ER, Gott, hat die Macht. Wir können ihn nicht zwingen, sich zu rechtfertigen. Das ist sehr unerfreulich. ER ist auch kein liebevoller Herrscher, wie er da bei Hiob erscheint.

Albus:

Er lässt den Menschen seine ganze Ohnmacht erfahren.

Schwan:

Ich habe dazu eine weitere Interpretation. In dem Moment, wo Hiob nicht mehr mit Gott darüber rechtet, warum er das alles mit ihm angerichtet hat, und sich auf positive Werte konzentriert, wird er in Hülle und Fülle beschenkt. Das ist meine Beobachtung bei Hiob. Sie kommt in der Theologie wenig vor.

Albus:

Richtig! Dieser Aspekt wird oft übersehen. Er kommt aber auch erst ganz Ende von Hiobs Leidensgeschichte vor. Wie ein Happy End nach einer katastrophalen Strecke.

Schwan:

Ich finde das interessant. So lange man bei der Anfangsfrage von Hiob bleibt, warum dem Menschen das alles von Gott zugefügt, zugemutet wird, kommt man nicht weiter. Wenn ich das jetzt als menschliche Erfahrung interpretiere, was die Bibel ja auch tut, dann ist es das Eingeständnis: Es gibt keine Theodizee. Und ich glaube auch, dass es vermessen ist, sie ins Spiel zu bringen. Was nicht heißt, dass es Gott nicht gibt! Was auch nicht heißt, dass er ein ungerechter Gott ist! Ich kann diese Frage nicht beantworten. Aber ich fühle mich durch die Hiob-Geschichte ermutigt zu sagen: „Stell' dir die Frage, ja, erkenne aber auch, dass du die Frage auf dieser Welt nicht positiv beantworten kannst." Wie soll ich denn angesichts des Todes und des Leides eine positive Antwort geben? Das geht gar nicht! Aber: Es steht nicht im Widerspruch dazu, dass ich versuche, an Gottes Schöpfungswerk durch Liebe mitzuarbeiten.

Albus:

Hiob erweist sich in der Bibel, das ist ja schon die Interpretation einer Erfahrung, als der Ohnmächtige. Wenn ich jetzt einmal Gott gedanklich, theoretisch, aber auch praktisch aus der ganzen Frage ausklammere, dann kommt sie an mich zurück als der Impuls zu einer verschärften innerweltlichen Verantwortung.

Schwan:

Das ist Sartre.

Albus:

Ja, an den habe ich gedacht.

Schwan:

Ich habe für Sartre nie eine Schwäche gehabt. Die Radikalität, Gott auszublenden und auf die radikale menschliche Eigenverantwortung zu rekurrieren, finde ich verständlich. Das kann man machen. Aber ich finde es überheblich. Der Mensch überhebt sich dabei. Ich fühle mich nicht in der

Lage, die Verantwortung, die mir von Gott aufgetragen wurde, ohne die erhoffte, im Glauben an Gott erbetene Hilfe, zu leisten.

Albus:

Ich habe verstanden. Das ist ja auch eine Erfahrung ihrer persönlichen Lebensgeschichte.

IJOBS NEUES GLÜCK

Der Herr aber segnete die spätere Lebenszeit Ijobs mehr als seine frühere. Er besaß vierzehntausend Schafe, sechstausend Kamele, tausend Joch Rinder und tausend Esel. Auch bekam er sieben Söhne und drei Töchter.

Die erste nannte er Jemima, die zweite Kezia und die dritte Keren-Happuch.

Man fand im ganzen Land keine schöneren Frauen als die Töchter Ijobs; ihr Vater gab ihnen Erbbesitz unter ihren Brüdern.

Ijob lebte danach noch hundertvierzig Jahre; er sah seine Kinder und Kindeskinder, vier Geschlechter.

Dann starb er hochbetagt und satt an Lebenstagen.

Psychoanalyse nach dem Tod meines ersten Mannes

Ich habe mir unendlich viel zugemutet

Nach dem Tod meines ersten Mannes 1989 bin ich in eine tiefe Depression gefallen. Alles war hoffnungslos. Aber ich war so auf Selbstdisziplin konditioniert, dass ich nach außen völlig in Ordnung funktioniert habe. Ich war damals Dekanin im Fachbereich an der FU Berlin, habe das nach Aussage vieler besser gemacht als andere.

Funktionieren, Haltung bewahren ist eine Stütze. Aber das war jetzt nicht das Instrument, um zu überleben. Es stand einfach an. Zunächst war ich Prodekanin unter der Bedingung, nicht Dekanin zu werden, weil ich viele innere und äußere Aufräumarbeiten zu tun hatte. Und dann musste ich den Dekan von heute auf morgen ersetzen, weil er sich in jungen Jahren auf die Stasi eingelassen hatte. Da war ich dann als Antikommunistin sehr gefragt. Nach Rücksprache mit meiner Tochter habe ich mich dieser Herausforderung nicht entzogen. Aber es war schon ein Problem gegenüber meinen Kindern, das muss ich sagen. Das war eine schwierige Zeit.

Ja, ich habe funktioniert, war aber nach der schwierigen Zeit kräftemäßig ziemlich ausgelaugt. Aber es gab auch berührende Erfahrungen, jeden Tag Erfolgserlebnisse, jeden Tag irgendeine freundliche Äußerung mir gegenüber. Eine Nachbarin, die mich umarmte und sagte: Wie schön, dass es Sie gibt! Rein argumentativ hätte ich bald aus der Depression draußen sein müssen. War ich aber nicht! Ich habe damals neue Regeln im Fachbereich Politikwissenschaft, dem sogenannten OSI, habe Empfangs- und Abschiedsfeiern für Studierende eingeführt. Alle waren sehr angetan. Ich habe mich darüber gefreut. Aber wenn ich nach Hause kam, hätte ich wieder heulen können. Irgendwann habe ich gemerkt: Das kann ich meinen Kindern nicht mehr zumuten, denn faktisch haben sie dadurch nicht nur ihren Vater, sondern auch ihre Mutter verloren. Das ist eine nicht seltene Erfahrung von Kindern nach dem Tod eines Elternteils.

Das war ein großes Problem. Das durfte nicht sein. Ich habe mir eine Gesprächshilfe gesucht. Aber das hat auch nicht geholfen. Ich weiß noch wie ich da an meinem Couchtisch saß, ich war damals 46 Jahre alt, und mich gefragt habe: Wie lange muss ich noch leben? Muss ich das jetzt eventuell noch vierzig Jahre aushalten? Ganz grauenvoll! Ich habe immer wieder geweint. Natürlich nie in Anwesenheit der Kinder. Aber Kinder merken alles. Mit Hilfe einer Freundin habe ich dann einen sehr guten, älteren Psychoanalytiker gefunden. Er war damals schon 75 Jahre alt, ein sehr erfahrener, kein dogmatischer Mann, der erst einmal das normale Gegenüber-Gespräch mit mir ausprobiert hat. Als ich mein Dekanat zu Ende gebracht hatte, sagte er zu mir: „So, jetzt wechseln wir zum traditionellen Setting. Denn, wenn wir uns unterhalten, fangen Sie sofort an, alles in ihrem Kopf zu ordnen, und ich bekomme überhaupt nicht heraus, was bei Ihnen eigentlich vor sich geht. Das muss anders werden." Dann gingen wir nach der Regel vor, assoziativ zu verfahren und sich keine Selbstbeherrschung aufzuerlegen. Die Selbstbeherrschung war bei mir bewusst antrainiert. Und ich habe auch nach wie vor viel übrig dafür. Das ist manchmal auch friedensfördernd.

Die Analyse hat ungefähr vier Jahre gedauert. Ich habe mich auf jede Sitzung gefreut, habe es nie als quälerisch empfunden. Der Ansatz zu prüfen, was bei mir im Innern vor sich geht, war immer vorhanden. Mich zu fragen, was bewegt dich jetzt, was belastet dich, warum bist du plötzlich so traurig, das habe ich schon als Kind gemacht. Es war wirklich hilfreich, ungefiltert sagen zu können, was als Problem in mir aufkam. Wir haben auch oft Träume analysiert. Der Therapeut saß auch nicht bedrohlich wie eine Sphinx hinter mir, er hat mich nicht dirigiert, hat mir das Eine oder Andere auch deutlich gesagt. Da war gar kein Hochmut dabei, der mich abgeschreckt hätte.

Es gab eine entscheidende Erfahrung, als er auf die Kindheit zu sprechen kam: Ich bin während einer Scharlachepidemie im Alter von sechs oder sieben Jahren ins Krankenhaus gekommen, lag dort in einem Kellerraum, ganz allein. Ich habe natürlich geheult. Ich war ein Muttikind. Auf Betreiben meiner Mutter bin ich dann schnell nach oben gebracht worden, in ein Achtbettzimmer. Das war auch nicht sehr niedlich, denn Kinder können sehr grausam untereinander sein. Bei Scharlach musste man damals sechs Wochen im Krankenhaus verbringen. Es gab strenge Besuchszeiten: Zweimal in der Woche, sonntags und mittwochs durften die Angehörigen eine Stunde draußen am Fenster sein. Aber meine Mutter ließ mich immer warten. Sie war nie zur verabredeten Zeit da. Sie hat mich schon früher, wenn wir z. B. nach der Schule Schuhe kaufen wollten, im Winter eine Stunde warten lassen, bis sie endlich kam. Nicht nur mich, alle anderen ließ sie auch warten. Aber sie liebte mich. Sie war eine wunderbare, warmherzige Mutter. Menschen sind widersprüchlich. Meine Mutter kam also nie pünktlich. Alle anderen Kinder hatten zum vereinbarten Zeitpunkt ihre Eltern zu Besuch. Ich saß allein auf dem Bett. Sie argumentierte dann immer: „Ja, ich bleibe doch auch länger! Dann sind die andern alle nicht mehr da! Und dann haben wir die ganze Stunde für uns!" Es war ja nicht so, dass sie die Zeit nicht für mich aufbrachte. Aber dieses einsame Warten, bis sie da war, das war furchtbar!

Zurück zur Psychoanalyse: Als ich das erzählte, fing ich plötzlich an am ganzen Körper zu zittern, fing an zu schluchzen und sagte: „Wie konnte meine Mutter mir das antun!?" Das war ein Schlüsselerlebnis. Das Schlüsselerlebnis bestand darin, dass ich festgestellt habe, dass ich meiner Mutter nie Vorwürfe machen wollte, dass sie mir etwas antat. Das ging auch bei den andern Menschen weiter: Dass ich nie den Menschen, die ich liebte, von denen ich mich auch abhängig fühlte in dieser Liebe, einen Vorwurf machen wollte. Denn ich wollte ja nicht von denen, die ich liebte, enttäuscht sein. Diese Erfahrung, diese Erkenntnis hat viele Fenster für mich geöffnet. Ich erkannte, dass ich mich in vielen Beziehungen überfordert habe in Bezug auf Personen, die ich liebte, und die mich, oft ungewollt, kränkten oder verletzten. Das zur Kenntnis zu nehmen fällt mir, ehrlich gesagt, bis heute noch schwer. Ich habe dann immer irgendwelche Entschuldigungen zur Hand.

Erfahrungen der Psychoanalyse

Ich hatte Schuldempfindungen

Albus:

Was haben Sie in der Psychoanalyse, einmal im Blick auf sich selber, aber auch im Blick auf ihre Vorstellung von Gott erfahren, gelernt?

Schwan:

Generell habe ich durch die Psychoanalyse noch einmal viel mehr Verständnis für Probleme anderer Menschen bekommen. Dann habe ich verstanden, dass bei mir etwas stattgefunden hatte, was bei vielen Kindern stattfindet: eine Parentisierung. Sie behandeln ihre Eltern als ihre Kinder, laden sich die Verantwortung für das Wohl ihrer Eltern auf. Das überfordert sie. Dann habe ich gelernt, dass eine Falle darin liegt, wenn man vom lieben Gott viele Chancen und Fähigkeiten bekommen hat, wenn man mitbekommen hat, dass man dafür auch dankbar sein sollte – das finde ich auch richtig – und gut damit umgehen soll –, dass man sich damit aber auch überfordern kann. Und dass eine solche Überforderung gefährlich ist. Das heißt, dass man um seiner selbst willen, aber auch um der Beziehung mit anderen Menschen willen die eigene Begrenztheit und Endlichkeit ernst nehmen muss.

Ich kann viel mehr aushalten als andere, das weiß ich, aber nicht unendlich. In meiner Sozialisation habe ich mir doch oft zu viel zugemutet. Das darf man nicht. Die Endlichkeit, die übrigens mein erster Mann in seinen theologischen und theoretischen Vorlesungen immer so betonte, ist grundsätzlich eine Eigenschaft aller Menschen. Aber sie hat von Mensch zu Mensch jeweils eine andere Dimension. Das ist auch eine Lektion in Bescheidenheit, die entlastend ist. Mein Verständnis von Gewissen und Pflicht hatte mich immer wieder in die Überforderung hineingetrieben. Jetzt konnte ich diese Entlastung als sehr angenehm empfinden. Ich habe eine Einsicht gewonnen, die ich auch in anderen Kontexten gewinne: Man kann zu viel mehr schöpferischer Fähigkeit, Tätigkeit, Produktivität kommen, wenn man sich nicht selbst zu sehr überlastet, wenn man sich nicht zu sehr unter Druck setzt.

Albus:

Hat sich Ihre Vorstellung von Gott durch die Psychoanalyse verändert?

Schwan:

Ich hatte versucht, mit meinen Problemen durch zwei Gespräche mit Pfarrern klar zu kommen. Zuerst mit meinem Gemeindepfarrer. Das war das einzige Mal, dass ich in meinem Leben gebeichtet habe. Ich bin nie in einem Beichtstuhl gewesen und habe auch von meinen Kindern nicht verlangt, dass sie in einen Beichtstuhl gehen. Das ist eine Inszenierung, eine Atmosphäre für den Umgang mit eigenen Problemen, die ich für falsch halte.

Albus:

Mit dieser Ansicht sind Sie keine radikale Minderheit.

Schwan:

Ich hatte mit meinem Pfarrer ein langes Gespräch bei einem Glas Wein oder zweien, oder dreien. Es war sehr schön und sehr ruhig. Am Ende, während des Hinausgehens, sagte er: „Ach so, absolvo te, ich spreche dich los."

Ein langes Gespräch hatte ich dann noch mit einem Theologen, den ich ganz besonders geschätzt habe, mit Franz Böckle. Ich habe ihm alles, was ich auf dem Herzen hatte, dargelegt. Er hat viel Verständnis gehabt für mich. Aber auch dieses Gespräch hat mir nicht geholfen gegen meine Depression.

Ich hatte zweimal das „absolvo te", aber es hat meine Depression nicht überwunden. Es gibt psychische Erkrankungen, die kann man nicht durch noch so offene Gespräche mit dem Pfarrer oder durch Gebete überwinden. Während die Analyse eine große Hilfe war – bis heute. Und das ist jetzt bald zwanzig Jahre her.

Albus:

Und warum die Analyse und nicht das Gebet?

Schwan:

Das kann ich nicht genau beantworten. Theologisch kann ich sagen: Der liebe Gott hat mich nicht darauf festgelegt, alles mit dem Gebet zu lösen. Er kann ja auch das Instrument der Psychoanalyse verwenden. Es ist auch nicht jede Psychoanalyse erfolgreich. Diese war bei mir erfolgreich. Sie hat Geröll in mir weggeräumt, hat mir Übersichtlichkeit und mehr Klarheit verschafft. Das ist für mich eine Grundsache: So wie ich das äußere Terrain klären will, will ich auch das innere Terrain so gründlich wie möglich klären.

Ich glaube auch, dass eine Krankheit wie Krebs eine psychosomatische Krankheit und keine Organkrankheit ist.

Vielfach habe ich bei genauem Hinsehen, auch wenn der äußere Anschein ein anderer war, die Situation erlebt, dass Menschen, die psychisch überfordert waren oder etwas verdrängt, von sich weg geschoben haben, an natürlicher Immunkraft verloren haben. Ich glaube einfach, dass man die inneren Absorptionen und Belastungen loswerden oder zumindest klären muss. Man kann nicht alles loswerden, aber klären und dadurch die Belastung erleichtern, um nicht krank zu werden, das kann man. Ich denke, das ist bei mir der Fall gewesen. Ich habe Schuldempfindungen noch und noch gehabt, die ich nicht klären konnte. Die sind mir durch meine Analyse geklärt worden. Das hat mich entlastet.

Albus:

Waren Sie beim Tod ihres Mannes dabei?

Schwan:

Ja, ich war dabei. Er ist an einem frühen Donnerstagvormittag gestorben. Es war schon absehbar, dass er nicht mehr lange leben würde. Am Vorabend habe ich an seinem Bett gesessen und habe das Requiem von Mozart und danach das von Verdi gehört. Ich hatte die letzten vierzehn Tage bei ihm im Raum geschlafen. Sein Bruder war auch da. Er hat mich meist von zehn Uhr vormittags bis drei Uhr nachmittags abgelöst. Dann war ich wieder da und habe bei ihm die Nacht verbracht. Bis kurz vor seinem Tod war er ganz klar bei Bewusstsein. Da haben wir dann auch etwas ganz Furchtbares erlebt. Mein Schwager und ich hatten das Gefühl, dass gegen unseren Willen sein Leben von den Ärzten verlängert und verlängert und verlängert wurde – vier Tage vor seinem Tod sollte er zur besseren Atmung noch Krankengymnastik machen. Am Nachmittag vor seinem Sterbetag hat sich mein Mann – halb bewusst – von seinem Bruder verabschiedet. Dann kam ein Arzt herein. Mein Schwager sagte zu ihm: „Ich hoffe, dass mein Bruder nicht mehr aufwacht, dass er einschlafen kann." Da hat der Arzt geantwortet: „Das grenzt ja an Euthanasie!" Sie können sich vorstellen, in welcher Atmosphäre die Wochen und Monate davor vergangen sind. Nach der letzten Nacht bin ich morgens wieder an seinem Bett gesessen. Plötzlich habe ich ein tiefes Ausatmen gehört. Das war wirklich so ein bisschen wie ,Die Seele steigt gen Himmel' – dann war er tot. Wir, sein Bruder und ich, waren froh, dass wir ihn so zu Ende begleiten konnten. Seit August war ich jeden Tag stundenlang bei ihm gewesen. Am 30. November ist er gestorben.

Macht und Ohnmacht

Die Grenzen des Machbaren

Durch die Krankheit und das Sterben meines Mannes bin ich an die Grenzen des Machbaren gestoßen, habe die Grenzen meiner eigenen Macht erlebt. Diese Erfahrung hat etwas mit mir gemacht.

Ich will diese persönliche Erfahrung einmal übertragen auf die Machtsysteme, in denen wir als Staatsbürger oder als Untertanen leben müssen.

Ich beginne mit persönlichen Assoziationen von Macht. Es hat mich immer sehr gestört, vor allem in den Jahren, in denen ich alleine gelebt habe, wenn man mich als eine mächtige, wirkmächtige Frau bezeichnet hat. „Wenn Du ins Zimmer trittst, erscheint da eine Großmacht", sagte mir ein guter Freund. Und ich antwortete spontan: „Scheiße!" Das liegt nicht nur daran, dass ich Macht für eine sehr ambivalente Sache halte. Sie kann dazu führen, den anderen die Freiheit zu nehmen. Freiheit ist für mich zentral wichtig.

Es lag auch daran, dass ich darunter litt, als ich alleine lebte, dass ich nicht alleine leben wollte. Ich habe erlebt, dass Männer mir gegenüber oftmals in einer Art Denkmalshaltung verharrten oder Angst vor mir hatten. Das war für mich auch eine Leiderfahrung. Das konnte ich nicht oder nur schwer ertragen. Andererseits habe ich mir, wenn ich mich fragte, gesagt: Ohnmächtig möchte ich auch nicht sein! Dann habe ich mir überlegt: Welche Art von Macht wünsche ich mir denn? Da wurde für mich idealtypisch die Auseinandersetzung zwischen dem Machtverständnis von Max Weber und dem von Hannah Arendt wichtig.

Max Weber versteht Macht im Prinzip als Gegenmacht: die Fähigkeit, jemanden zu etwas zu bringen, was er eigentlich nicht will. Das kollidiert mit dessen Freiheit. Das ist eine antagonistische Vorstellung von Macht.

Hannah Arendt nennt das Gewalt. Sie versteht Macht als die Fähigkeit, mit anderen gemeinsam ein Werk zu errichten, ein Projekt in Gang zu bringen, etwas zu schaffen. Zum Wunsch nach dieser Macht bekenne ich mich. Das ist keine Gegenmacht. Das ist ein Empowerment, eine Ermächtigung für Gemeinsamkeit. Es schließt für mich selbstverständlich die Freiheit der Anderen mit ein. Sonst geht es gar nicht.

Darin liegt das Eingeständnis, dass ich ganz alleine nichts kann, sondern dass wir aufeinander angewiesen sind – in Partnerschaft. Aber auch, dass ich das, was mir zur Verfügung steht, für etwas Positives einsetzen kann. Also, dass ich nicht darauf warten muss, dass mich jemand erweckt, sondern dass ich initiiere, einen Anfang setzen kann. Hannah Arendt! Das finde ich wichtig. Diese Art von Macht wünsche ich mir. Ich glaube auch, wenn wir in der Politik mehr dazu kämen, wenn wir auch in der Europäischen Union dazu kämen, diese Art von Macht zu praktizieren, dann würden wir sehr viel weiter kommen.

Manchem mag das wie eine hoffnungslose Utopie erscheinen. Aber ich selbst bin nicht hoffnungslos. Ich habe ja in ganz vielen, kleineren Bereichen gemerkt, dass ich etwas beginnen konnte. In den eigenen Arbeitsbereichen kann man etwas anstoßen. Sogar in der Öffentlichkeit. Wenn ich sage: Ich freue mich, wenn ich positive Resonanz bekomme, wenn mir jemand sagt: „Sie haben mich so ermutigt", dann ist es schon das, was ich möchte. Wie weit das reicht, weiß ich nicht. Aber für viele, die das harte Debattieren nicht gewohnt sind, schon gar nicht als Frau, ist es eine Ermutigung, dass da jemand ist, der sich z. B. gegen einen Mainstream stellt. Dazu braucht man dann auch Gegenmacht, zur Ermutigung von Eigenständigkeit.

Das ist ein Anfang, wenn Mitmenschen Mut bekommen, etwas zu sagen. Deswegen bin ich überhaupt keine hoffnungslose Utopistin. Denn: Ich kann hier und jetzt, an einem konkreten Ort in der Welt – nicht Ou Topos – etwas bewirken. Dass ich nicht das Paradies auf Erden schaffen kann, ist selbstverständlich. Aber wenn wir diese Haltung in Europa mehr hätten und praktizieren würden, würde es uns gemeinsam besser gehen.

Hannah Arendt

MACHT UND GEWALT

Es spricht, scheint mir, gegen den gegenwärtigen Stand der politischen Wissenschaft, dass unsere Fachsprache nicht unterscheidet zwischen Schlüsselbegriffen wie Macht, Stärke, Kraft, Autorität und schließlich Gewalt — die sich doch alle auf ganz bestimmte, durchaus verschiedene Phänomene beziehen und kaum existieren würden, wenn sie das nicht täten…Sie synonym zu gebrauchen, zeigt nicht nur, dass man das, was die Sprache eigentlich sagt, nicht mehr hören kann, was schlimm genug wäre; der Unfähigkeit, Unterschiede zu hören, entspricht die Unfähigkeit, die Wirklichkeiten zu sehen und zu erfassen, auf die die Worte ursprünglich hinweisen. (…)Hinter der scheinbaren Konfusion steht eine theoretische Überzeugung, derzufolge alle Unterscheidungen in der Tat von bestenfalls sekundärer Bedeutung wären, die Überzeugung nämlich, dass es in der Politik immer nur eine entscheidende Frage gäbe, die Frage: Wer herrscht über wen? Macht, Stärke, Kraft, Autorität, Gewalt — all diese Worte bezeichnen nur die Mittel, deren Menschen sich jeweils bedienen, um über andere zu herrschen; man kann sie synonym gebrauchen, weil sie alle die gleiche Funktion haben. Erst wenn man diese verhängnisvolle Reduktion des Politischen auf den Herrschaftsbereich eliminiert, werden die ursprünglichen Gegebenheiten in dem Bereich der menschlichen Angelegenheiten in der ihnen eigentümlichen Vielfalt wieder sichtbar werden.

Diese Gegebenheiten in unserem Zusammenhang und mit Bezug auf die oben genannten Begriffe lassen sich wie folgt spezifizieren:

Macht entspricht der menschlichen Fähigkeit, nicht nur zu handeln oder etwas zu tun, sondern sich mit anderen zusammenzuschließen und im Einvernehmen mit ihnen zu handeln. Über Macht verfügt niemals ein Einzelner; sie ist im Besitz einer Gruppe und bleibt nur solange existent, als die Gruppe zusammenhält. Wenn wir von jemand sagen, er „habe die Macht", heißt das in Wirklichkeit, dass er von einer bestimmten Anzahl von Menschen ermächtigt ist, in ihrem Namen zu handeln. In dem Augenblick, in dem die Gruppe, die den Machthaber ermächtigte und ihm ihre Macht verlieh (**potestas in populo** – ohne ein »Volk« oder eine Gruppe gibt es keine Macht), auseinandergeht, vergeht auch »seine Macht«. Wenn wir in der Umgangssprache von einem »mächtigen Mann« oder einer »machtvollen Persönlichkeit« sprechen, gebrauchen wir das Wort schon im übertragenen Sinn; nicht metaphorisch gesprochen handelt es sich um einen starken Mann oder eine starke Persönlichkeit.

(...)**Gewalt** schließlich ist, wie ich bereits sagte, durch ihren instrumentalen Charakter gekennzeichnet. Sie steht dem Phänomen der Stärke am nächsten, da die Gewaltmittel, wie alle Werkzeuge, dazu dienen, menschliche Stärke bzw. die der organischen »Werkzeuge« zu vervielfachen, bis das Stadium erreicht ist, wo die künstlichen Werkzeuge die natürlichen ganz und gar ersetzen.

(...)

Macht bedarf keiner Rechtfertigung, da sie allen menschlichen Gemeinschaften immer schon inhärent ist. Hingegen bedarf sie der Legitimität. Macht entsteht, wann immer Menschen sich zusammentun und gemeinsam handeln, ihre Legitimität beruht nicht auf den Zielen und Zwecken, die eine Gruppe sich jeweils setzt; sie stammt aus dem Machtursprung, der mit der Gründung der Gruppe zusammenfällt. Ein Machtanspruch legitimiert sich durch Berufung auf die Vergangenheit, während die Rechtfertigung eines Mittels durch einen Zweck erfolgt, der in der Zukunft liegt. Gewalt kann gerechtfertigt, aber sie kann niemals legitim sein. Ihre Rechtfertigung wird umso einleuchtender sein, je näher das zu erreichende Ziel liegt. (...) Politisch gesprochen genügt es nicht zu sagen, dass Macht und Gewalt nicht dasselbe sind. Macht und Gewalt sind Gegensätze: wo die eine absolut herrscht, ist die andere nicht vorhanden. Gewalt tritt auf den Plan, wo Macht in Gefahr ist; überlässt man sie den ihr selbst innewohnenden Gesetzen, so ist das Endziel, ihr Ziel und Ende, das Verschwinden von Macht. So kann man auch nicht eigentlich sagen, das Gegenteil von Gewalt sei eben die Gewaltlosigkeit. Von »gewaltloser« Macht zu sprechen, ist ein Pleonasmus. Gewalt kann Macht vernichten; sie ist gänzlich außerstande, Macht zu erzeugen. Hegels und Marx' großes Vertrauen in die dialektische »Macht der Negation«, kraft welcher Gegensätze einander nicht zerstören, sondern bruchlos ineinander übergehen, weil Widersprüche die Entwicklung vorantreiben und nicht lähmen, beruht auf einem viel älteren philosophischen Vorurteil, nämlich dem, dass das Böse nichts anderes sei als die Privation des Guten, und dass Gutes aus Bösem entstehen könne, als sei das Böse nur die vorläufige Manifestation eines noch verborgenen Guten. Solche traditionellen Denkwege sind gefährlich geworden. Sie werden von vielen geteilt, die noch nie etwas von Hegel oder Marx gehört haben – aus dem einfachen Grund, weil sie Hoffnung wecken und Furcht vertreiben: eine trügerische Hoffnung dient dazu, begründete Furcht zu beruhigen.

Das soll nicht heißen, dass ich die Gewalt mit dem Bösen gleichsetze. Ich wollte mich nur gegen die moderne Dialektik wenden, die meint, man könne Gegensätze auseinander ableiten. Zwischen Macht und Gewalt gibt es keine quantitativen oder qualitativen Übergänge; man kann weder die Macht aus der Gewalt noch die Gewalt aus der Macht ableiten, weder die Macht als den sanften Modus der Gewalt noch die Gewalt als die eklatanteste Manifestation der Macht verstehen. Wollen wir uns also über die Gewalt Rechenschaft geben, so bleibt uns nichts übrig als ihrem Wesen und ihrer Natur nachzugehen.

Christentum und Islam in Europa

Womit präsentieren wir uns? Mit gelebten Werten?

Albus:

In den gegenwärtigen Auseinandersetzungen im Europa, auch durch die Flüchtlinge, taucht immer wieder und mehr und mehr die Frage nach der Religion auf. In Europa vor allem zwischen Islam und Christentum. Die Auseinandersetzungen im arabischen Raum, die uns in Europa immer mehr direkt betreffen, sind in meiner Sicht weniger politische als viel mehr innerislamische und damit religiöse Auseinandersetzungen. Viele meinen, dass wir dadurch immer mehr islamisiert werden. Siehe die unsägliche Pegida!

Schwan:

Ich halte das, ehrlich gesagt, für Quatsch.

Albus:

Wie sehen Sie diese Auseinandersetzung, die man nicht aus der Welt diskutieren kann? Wir werden immer mehr Muslime bei uns in Europa haben. Sie pflegen eine ganz andere Religiosität als die christlich-europäische. Und treffen gleichzeitig auf ein Christentum, das seiner selbst nicht mehr sicher ist.

Schwan:

Es wäre ja schön, wenn das Christentum seiner selbst nicht sicher wäre. Dann könnte es in dieser Auseinandersetzung eher Sicherheit gewinnen. Ich finde diese Frage ganz zentral. Ich bin auch nicht ganz ihrer Meinung, dass die Auseinandersetzung im Nahen Osten innerreligiös-muslimisch ist. Nehmen wir einmal Phänomene wie den IS und Boko Haram. Da reagiere ich zunächst spontan und sage: Mit denen habe ich überhaupt nichts mehr gemeinsam!

Wenn ich versuche, die tieferen Gründe dieser Entwicklung herauszufinden, zeigt sich mir eine fatale Geschichte der Negativspiralen. Boko Haram, in Nigeria, aber auch zum Teil der Islamische Staat haben mit banalen, innersozialen Problemen der Gerechtigkeit, der Anerkennung, der Demütigungen, der Gewohnheiten von Clans, von Familien begonnen. Sie sind „verankert" vor Ort. In Nigeria muss man sehen, dass der Norden vom Süden lange Zeit nicht gerecht behandelt worden ist. Im Irak hat der unerbittliche Kampf gegen die Sunniten durch die Schiiten, nach dem es vorher umgekehrt war, unter anderem dazu geführt, dass grundlegende Gerechtigkeitsbedingungen nicht erfüllt worden sind. Da erscheinen statt Gesichtern Fratzen, die wir Deutschen ja auch gut kennen. Da hat eine unglaubliche Brutalisierung stattgefunden. Aber schließlich wissen wir ja auch als Christen, was alles in uns steckt, wenn wir aggressive Impulse in uns loslassen!

Wenn ich nicht grundsätzlich falsch liege mit meiner Betrachtungsweise, dann bekomme ich einen Zugang zu diesem brisanten Komplex: Das sind nicht Außerirdische, mit denen wir es da plötzlich zu tun bekommen. Das sind Menschen, zu denen ich einen Zugang habe. Ich habe Beschreibungen gelesen, in denen Anhänger des IS ganz normale, aber völlig verzweifelte Leute sind, die nicht mehr wissen, wohin sie sich bewegen, an wen sie sich halten sollen. Das ist alles sehr menschlich. Deswegen sind das nicht nur religiöse, konfessionelle, sondern vor allem auch sozialpsychologische und soziale Fragen und Auseinander-setzungen.

Albus:

Muslimische Freunde sagen mir: Wir müssen das, was ihr Christen schon ein Stück weit geschichtlich hinter euch habt, noch nachhohlen. Dazu brauchen wir Zeit. Hinzu kommt der politische und kulturgeschichtliche Minder-wertigkeitskomplex, der eine Rolle spielt.

Schwan:

Ihre muslimischen Freunde sagen: Wir haben das noch nicht geschafft, was ihr schon hinter euch habt – und meinen da-mit oft die Aufklärung. Eine Aufklärung auf ihre Art hatten die Muslime früher aber auch schon. Und auch heute gibt es ganz viele aufgeklärte Muslime.

Wir hatten in Europa vor der Aufklärung den Dreißig-jährigen Krieg. Er hat uns gelehrt, dass ohne einen ver-bindlichen Ordnungsrahmen das gegenseitige Abschlachten ungeheure Ausmaße annimmt. Wenn ich es richtig weiß, wurden im Dreißigjährigen Krieg zwei Drittel der deutschen Bevölkerung einfach ausgelöscht. Wenn man das mit dem IS vergleicht, sind es dort bei weitem nicht so viele Tote. Ich sage das ironisch. Denn die Zahl ist nicht entscheidend. Vielmehr ist das Gemetzel des Dreißigjährigen Krieges eine existentielle Erfahrung, die wir in Europa gemacht haben. Die Antwort war das Gewaltmonopol des Staates und zwi-schen den Staaten: „Cujus regio eius religio." Das folgt ei-ner Erfahrung der Erschöpfung, und nicht der Einsicht! Eine solche Erfahrung können wir uns aber nicht mehr leisten. Dass Muslime das Argument der Aufklärung auch als feind-selig verstehen, kann ich nachvollziehen.

Albus:

Boko Haram heißt, wörtlich übersetzt: Westliche Bildung ist Sünde.

Schwan:

Das ist natürlich ganz großer Unsinn. Allerdings müssen wir fragen: Was verstehen die unter westlicher Bildung? Vielleicht verstehen die am Ende darunter die nackten Mädchen? Womit präsentieren wir uns mit unserer westlichen Bildung und unserem westlichen Glauben? Präsentieren wir uns dauernd mit Bildern von Nonnen? Was ist deren Wahrnehmung von westlichen Glauben und westlicher Bildung?

Ich wende das einmal auf heute. „Du sollst nicht falsch Zeugnis geben gegen deinen Nächsten!" Fast alle Politiker, aber auch viele Unternehmer, die sich zum „westlichen Abendland" zählen, reden gegenwärtig „falsch Zeugnis" über ihre Nächsten.

Womit präsentieren wir uns? Wirklich mit gelebten Werten? Wenn wir das täten, dann würden alle Muslime ansprechbar sein, behaupte ich. Wir tun es aber nicht. Nehmen sie nur mal das Theaterstück „Shoppen & Ficken". Das ist ja eine Kritik an uns selbst. Ist die reine Bedürfnisbefriedigung der Rest, der uns bleibt? Oder haben wir noch etwas anderes? Ich bin keine Untergangstheoretikerin. Ich sage nur: Wir präsentieren uns nicht als attraktive, wertvolle Gesellschaft. Depression ist die große Volkskrankheit bei uns in Deutschland. Wir arbeiten wie die Verrückten, leisten ganz viel und leben wenig mit anderen. Wir üben keine Solidarität. Wir sitzen nicht im Café und erzählen. Sicher: Wir sollen ökonomisch produktiv sein! Wir sollten aber auch wissen, was denn sonst noch ansteht in diesem Leben. „Jetzt wird wieder in die Hände gespuckt!" Das reicht nicht. Der Islam, gerade mit seiner Familienverankerung, kann eine

Herausforderung sein, wenn wir das wollen. Freilich mit einer partnerschaftlichen Rollenverteilung zwischen Frauen und Männern. Wir müssen unsere eigenen Vorstellungen von Leben gründlich anschauen.

Die Bundeskanzlerin hat sich offenbar als Motto für den nächsten Wahlkampf „Gut leben" vorgenommen. Damit assoziieren die meisten: „Gut essen, gut trinken, gut schlafen." Ich versuche in der Sozialdemokratie „Das gute Leben" zu verankern und darauf aufmerksam zu machen. Das ist etwas anderes. Bis jetzt fällt das schwer. Weil alle Politiker von Kommunikationsfirmen und Werbeagenturen davon abgebracht werden, so etwas Abstraktes, Philosophisches, Werthaltiges zu proklamieren.

Meine persönliche Erfahrung, dabei waren mir auch die beiden Kandidaturen zur Bundespräsidentin sehr wichtig, ist: Wenn ich solche Fragen in einem x-beliebigen Dorf in Bayern oder in einem x-beliebigen Zelt in Niedersachsen anspreche, kann ich den Menschen mühelos erklären, was der Unterschied ist zwischen „Gut leben" und dem „guten Leben". Aus eigener Erfahrung stimmen die Menschen mir zu: Gut leben, Konsum, Reisen allein befriedigen sie nicht. Ich glaube an die Unverwüstlichkeit der menschlichen Natur, an ihr Bedürfnis, „nicht vom Brot allein zu leben" – bei allem was zivilisatorisch gerade ganz schrecklich läuft.

Albus:

Was ist Ihre Vorstellung von gutem Leben?

Schwan:

Ich spreche auch manchmal von gelungenem Leben – im Rahmen des Möglichen. Dazu habe ich verschiedene Assoziationen. Die eine finde ich bei vielen griechischen und auch späteren Autoren: Was fragen sich Menschen kurz vor ihrem Tode, wenn sie Bilanz ziehen oder wenn sie plötzlich krank werden? Sie fragen sich: Habe ich gerecht gelebt? Bin ich anderen etwas schuldig geblieben? Sie fragen sich nicht: Habe ich genug Eisbein gegessen? Sie fragen sich: War mein Leben sinnvoll oder ist es völlig daneben gegangen? Wenn man Grenzsituationen wie Tod, Leid, Versagen oder Scheitern anschaut, dann findet man ex negativo heraus, was das gute Leben ist. Dann sieht man plötzlich, dass auch zu einem guten Leben gehört, etwas aus seinen Talenten zu machen. Christlich gesagt, an der Schöpfung Gottes mitzuarbeiten, etwas im Zwischenmenschlichen zu verbessern, konstruktiv für andere zu wirken, auch in der Verständigung mit anderen Menschen gute Erfahrungen zu machen. Banal sage ich dann immer: Ein leichtes Essen, ein guter Rotwein und schöne Gespräche.

Albus:

Das ist schon fast mittelmeerisch.

Schwan:

Ja, ich habe eine große Affinität zum mediterranen Leben. Obwohl ich oft als eine protestantische und preußische Katholikin bezeichnet werde.

GEBET DES ÄLTER WERDENDEN MENSCHEN

O Gott, Du weißt besser als ich, dass ich von Tag zu Tag älter und eines Tages alt sein werde,
Bewahre mich vor der Einbildung, bei jeder Gelegenheit und zu jedem Thema etwas sagen zu müssen.
Erlöse mich von der großen Leidenschaft, die Angelegenheiten anderer ordnen zu wollen.
Lehre mich, nachdenklich, aber nicht grüblerisch, hilfreich, aber nicht diktatorisch zu sein. Bei meiner ungeheuren Ansammlung von Weisheit erscheint es mir ja schade, sie nicht weiterzugeben – aber Du verstehst, o Gott, dass ich mir ein paar Freunde erhalten möchte.
Bewahre mich vor der Aufzählung endloser Einzelheiten und verleihe mir Schwingen, zur Pointe zu gelangen.
Lehre mich schweigen über meine Krankheiten und Beschwerden. Sie nehmen zu – und die Lust, sie zu beschreiben, wächst von Jahr zu Jahr. Ich wage nicht, die Gabe zu erflehen, mir die Krankheitsschilderungen anderer mit Freude anzuhören, aber lehre mich, sie geduldig zu ertragen.
Lehre mich die wunderbare Weisheit, dass ich mich irren kann.
Erhalte mich so liebenswert wie möglich. Ich möchte kein Heiliger sein – mit Ihnen lebt es sich so schwer –, aber ein alter Griesgram ist das Krönungswerk des Teufels.
Lehre mich, an anderen Menschen unerwartete Talente zu entdecken, und verleihe mir, o Gott, die schöne Gabe, sie auch zu erwähnen.

Vom Altwerden und Sterben

Mit der Vergänglichkeit klarkommen

Ein Blick auf die Werbung der Kosmetikindustrie in unserer Gesellschaft offenbart ein großes Problem mit der Vergänglichkeit, mit dem Altwerden, mit dem realen, von manchen auch als brutal empfundenen Hinfälligwerden. Man merkt, dass man älter wird, dass viele Dinge nicht mehr so gut gehen wie früher. Wie gehe ich damit um?

Ich kann dem Faktum etwas Gutes abgewinnen.

Die Vergänglichkeit der Menschen ist für mich als Kind schwer zu ertragen gewesen. Deshalb habe ich zum Beispiel Kirchhöfe gemieden. Erst seit dem Tod meines ersten Mannes fühle ich mich auf Kirchhöfen zu Hause.

Immer war mir aber klar: Es gibt kein Paradies auf Erden. Darin habe ich mich auch von vielen radikalen Utopien unterschieden. Als ich fünfzig Jahre alt wurde, bin ich mit meinem Neffen spazieren gegangen und er hat mich gefragt: „Na, fühlst du dich jetzt richtig alt?" Meine Antwort: „Eigentlich noch nicht so richtig. Aber ich denke, wenn ich sechzig sein werde, als Frau schon." Als ich dann sechzig wurde, war ich so glücklich wie selten. Ich war frisch verliebt in meinen Mann. Wir waren glücklich und sind glücklich. Ich habe mich überhaupt nicht alt gefühlt. Dann wurde ich fünfundsechzig – und habe mich auch nicht alt gefühlt. Dann dachte ich: Na ja, mit siebzig Jahren wirst du dich alt fühlen. Mit siebzig habe ich vornehmlich Dankbarkeit dafür empfunden, dass ich eigentlich wunderbar dran bin. Das habe ich mir nicht eingeredet. Manche haben früher zu mir gesagt: Na, wenn Sie einmal aufhören zu arbeiten mit fünfundsechzig, dann wird es schwierig werden für Sie! Ich war aber immer der Meinung, dass es auch dann genug schwierige Aufgaben für mich geben wird.

Jede Lebenszeit hat ihre Herausforderung. Meine Herausforderung ist jetzt, mit einem Horizont, vor dem der Tod näher rückt, nicht mehr dieselbe zu sein wie mit fünfzig Jahren. Ich kann allein schon physisch nicht mehr so gut laufen, muss mit der Vergänglichkeit also klar kommen. Zum Beispiel damit, dass ich das Geländer brauche, wenn ich die Treppe hinuntergehe. Ich spüre, dass ich mit bestimmten Gleichgewichtssituationen vorsichtig umgehen muss. Ich konnte immer viel von meinem Körper verlangen und kann es immer noch. Dazu gehört auch, dass ich nicht kindisch versuche, das Älterwerden wegzudrängen. Das ist eine Herausforderung, auch gegenüber meinen Kindern, auch gegenüber meinen Stiefkindern und meinen Enkelkindern, dass man im Alter seine Würde behalten kann. Die Würde liegt darin, dass ich nicht mit Hybris denke: Mir kann das Alter nichts anhaben! So empfinde ich viel intensiver die Dankbarkeit für das, was ich doch noch machen kann.

Bleibt am Schluss noch die Frage, wie ich sterben möchte?

Mein Wunsch wäre, dass mein Mann und meine Kinder dabei sind. Und ein Wunsch wäre auch, in Dankbarkeit und in Ruhe einzuschlafen.

Das sind meine Wünsche.

Wenn es anders läuft, muss ich es hinnehmen.

Michael Albus

Worauf es ankommt: Klarheit, Vertrauen und Wahrhaftigkeit

Gesine Schwan ist eine Person des öffentlichen Lebens. Sie äußert sich gefragt und ungefragt zu wichtigen Themen in Gesellschaft und Politik. Mir ist sie von Anfang an durch ihre Direktheit, ihre klaren Analysen, durch ihre Furchtlosigkeit und Risikobereitschaft, durch ihre Lust, Grenzen zu überschreiten, aufgefallen.

Warum so etwas wie eine innere Biografie gemeinsam mit und über Gesine Schwan? Ist nicht schon genug über sie bekannt, weil sie sich am öffentlichen Diskurs der Gesellschaft unentwegt, fundiert und unerschrocken beteiligt, mal Zustimmung erntet zu dem, was sie in die Debatte wirft, mal heftige Kritik und Ablehnung erfährt?

Begleitet man Gesine Schwan durch ihre Erfahrungen und Erinnerungen, baut sich Schritt für Schritt das Bild eines leidenschaftlichen Menschen auf, der Lust hat, Grenzen zu überschreiten. Grenzen des Lebens und Grenzen des Denkens. Grenzen, die ihm gesetzt wurden und Grenzen, die er sich selbst gesetzt – und überschritten hat, Grenzen, an denen das Leben sich wendete, zu neuen Ebenen führte oder geführt wurde.

Normalerweise geht das Leben seinen gewohnten Gang. Der Mensch wird gezeugt. Er wird geboren. Er liebt. Er hasst. Er leidet. Er kämpft. Er freut sich. Er trauert. Er wird alt. Und er stirbt. Das kann mal eine längere, mal eine kürzere Strecke sein, das Leben.

Der Mensch kommt hinein, ohne gefragt zu werden. Er muss hinausgehen, ohne Einwilligung. Es ist bestimmt. Schicksal, wie man so sagt. Den einen trifft es hart. Den anderen weniger hart. Es trifft jeden – irgendwie, irgendwann: Zeitpunkt unbekannt. Oft trifft es einen schleichend. Das sind die Fakten. Aber was sind die Fakten?

Sie beschreiben nur unzureichend das geheimnisvolle Leben zwischen Zeugung, Geburt und Tod. Sie sagen nichts aus über das geheimnisvolle Davor und das Danach. Und doch sind sie davon ganz und gar bestimmt.

Allzu viel Freiheit bleibt nicht. Das meiste ist gemacht, wenn man anfängt zu machen. Aber das ist schon viel.

Nicht immer ist der gewohnte Gang der übliche Lebenslauf. Vieles wendet sich zwischen Geburt und Tod.

Oft vollziehen sich Wenden an keinen fixen Punkten oder Daten. Viel öfter sind es schleichende, fließende, strömende Übergänge, deren entscheidende Momente nicht oder nur schwer fest zu machen sind. Sie greifen ineinander, sie gehen ineinander über. Zweideutigkeiten und Mehrdeutigkeiten sind die Regel.

Wenden oder Übergänge haben ihre Voraussetzungen und ihre Bedingungen. Die Bedingungen und Voraussetzungen haben wieder ihrerseits Bedingungen und Voraussetzungen und so weiter…

In Gesine Schwans Leben hat es, bei aller Kontinuität ihrer wissenschaftlichen und politischen Arbeit, immer wieder Umbrüche und Veränderungen gegeben. Sie ist ihnen nicht ausgewichen, hat sich ihnen gestellt, mal erzwungenermaßen erleidend, meistens aber freiwillig und kämpferisch.

Ich wollte wissen, welches persönliche Leben sich dahinter verbirgt, wo sie ihre biografischen Wurzeln hat, was ihre emotionalen und rationalen Antriebe sind. Deswegen hatte ich mich an einem Sommertag in ihrem Büro im Schatten des Brandenburger Tores in Berlin mit ihr zusammengesetzt und versucht, in einem Durchgang ihr Leben mit ihr abzuschreiten.

Gelungene Kommunikation kann man als ein Geschenk bezeichnen, weil sie selten die Regel ist. Allzu oft gibt es Missverständnisse oder von vornherein gleich Hindernisse, die das Gelingen erschweren oder gar unmöglich machen: Misstrauen, ideologische Festlegungen, Lügen und anderes.

Gesine Schwan hat, an aktuellen Beispielen, nicht nur die Situation deutscher und europäischer Politik, sie hat auch die Situation, die Lage des Menschen selbst beschrieben. Sie ist aber bei der Analyse nicht stehen geblieben. Sie hat deutlich zum Ausdruck gebracht, auf was es ihr, nach dem das Terrain mit Wissen und durch Denken geklärt ist, ankommt: Auf Klarheit, auf Vertrauen, auf Gerechtigkeit, auf Wahrheit und Wahrhaftigkeit, auf die Suche nach positiven Anknüpfungspunkten, auf eine Haltung, die angesichts komplexer Lagen nicht nur mit dem Bösen rechnet, sondern mit Verstand, Emotion und mit Leidenschaft nach positiven Anknüpfungspunkten sucht, ja dem Guten regelrecht nachjagt. Und sich nicht vom vermeintlichen Scheitern oder von partiellen Misserfolgen lähmen lässt.

Gesine Schwan tut mit ihrer Neugier und ihrer Widerständigkeit dem Land, für das sie Verantwortung empfindet, gut. Das sagen selbst die, die ihre Positionen nicht teilen.

Ich habe in der Begegnung mit ihr eine starke Frau kennengelernt. Mit scharfem Verstand, mit Kante, mit Witz und Ironie und mit einem widerständigen Impetus zur Wahrhaftigkeit. Ihre Haltung macht mir Mut. Hoffentlich auch vielen anderen.

Ich habe einen Traum

Vorbemerkung

Der Traum, den Gesine Schwan 2006 für die Wochenzeitung DIE ZEIT aufgeschrieben hat, bringt bildhaft, konkret und differenziert zum Ausdruck, um was es ihr geht. Darin sind alle Themen enthalten, die ihr zentral wichtig sind. Es ist ein Tagtraum voller Wachheit und Klarheit. Träume sind eben keine Schäume. Sie sind ein Teil der Wirklichkeit oder sogar die Wirklichkeit des Menschen selbst, die wirkliche Wirklichkeit. (M.A.)

Ich glaube, ich kann ganz ohne Sentimentalität sagen, dass der Anfang meines Traumes mit einem tiefen Einschnitt in meinen Alltag zusammenfällt. Nach der schweren Krankheit und dem Tod meines ersten Mannes Alexander Schwan im Winter 1989 hatte ich keine Wahl: Ich musste lernen, allein zu sein. Wenn es nicht anders geht, kann man das lernen, man kann sich sogar Tag für Tag davon überzeugen, dass man es gut hat – und objektiv hatte ich es ja auch nicht schlecht, ich war gesund, ich hatte Kinder, einen interessanten Beruf. Aber es ist dem Menschen wohl nicht gegeben, allein zu sein; oder zumindest mir nicht. Das Leben, das ich in dieser Zeit geführt habe, war ein *zweitbestes,* nicht das beste mögliche. Und ich hatte mich damit abgefunden, dass das so bleiben würde. Ich hätte nicht damit gerechnet, dass es sich noch einmal grundlegend ändert. Das hat es aber. Ich lernte Peter Eigen nach dem Tod seiner Frau Jutta – mit beiden war ich befreundet gewesen – neu und anders kennen und bin mit ihm seit 2004 verheiratet. Wenn ich mich heute frage, wie das *gute Leben* aussieht, kann ich sagen: Das lebe ich jetzt.

In einer Partnerschaft ist mir weitgehende Symmetrie wichtig; Respekt, gegenseitige Achtung, selbstverständliche, unangestrengte Gleichberechtigung. So ist unsere Beziehung. Ich bin eher ein analytischer Typ, nicht so sehr ein bildlich-assoziativer. Aber wenn ich mir ein Bild vor Augen rufe für dieses *gute Leben,* dann sehe ich Szenen bei uns zu Hause: Essen mit der Familie am Sonntagabend, mein Mann und ich waren vorher vielleicht im Schlachtensee schwimmen, Kinder und Freunde sind zu Besuch, wir blicken in dieses üppige Gartengrün, auf dem Tisch stehen Gläser mit Rotwein. Das ist ein Traumbild von einem erfüllten Leben – und für mich ist es jetzt auch die Wirklichkeit. Damit werbe ich nicht für irgendeine kleinbürgerliche Idylle: Wenn alles zu regelmäßig läuft, bin ich die Erste, die den Wunsch hat, die Dinge in Bewegung zu bringen. Familie kann viele Formen haben, Zugehörigkeit kann man an ganz unerwarteten Stellen finden. Aber ich nehme niemandem, auch nicht dem überzeugtesten Verfechter der Singlekultur, ab, dass er tatsächlich am liebsten ganz allein mit sich auf der Welt ist.

Partnerschaftlich kann eine Beziehung nach meinem Empfinden nur sein, wenn beide berufstätig sein können, wenn beide neben der Familie Interessen außerhalb des Hauses haben. Und natürlich weiß ich, dass da die Schwierigkeiten anfangen: Mein Mann und ich haben es heute leicht, die Kinder sind erwachsen und selbstständig, wir können jetzt die Früchte eines tätigen Lebens ernten. Für uns ist es kein Problem mehr, viel unterwegs zu sein und trotzdem Zeit füreinander zu finden.

Das sieht für junge Paare mit kleinen Kindern ganz anders aus. Deshalb träume ich davon, dass wir unser Bild von Biografien langsam verändern. Dass von Leuten nicht mehr erwartet wird, den Karrierehöhepunkt mit 45 Jahren zu erreichen, sondern ruhig erst mit Mitte, Ende 50 – zur größeren beruflichen Verantwortung käme dann auch mehr Lebenserfahrung. Ich glaube nicht, dass man mit 35 oder 45 Jahren notwendig kreativer ist als mit 50 oder 60. Ich selbst fühle mich heute leistungsfähiger und klarer im Denken als vor zehn oder fünfzehn Jahren. Zudem müssten sich 45-Jährige nach diesem Modell nicht fragen, was sie mit dem Rest ihres Berufslebens anfangen sollen. Eltern hätten mehr Zeit für ihre Kinder. Und das wäre so wichtig, denn eine kinderlose Gesellschaft gehört eher ins Reich der Albträume. Voraussetzung für all dies wäre allerdings ein verändertes Rollenbild: Überlegenheit dürfte dann von Männern weder automatisch beansprucht noch erwartet werden, Über- und Unterordnung sollten in Beziehungen gar nicht mehr vorkommen.

Damit verlässt mein Traum den Bereich des Privaten und geht ins Politische über. Der Mensch soll und mag privat nicht allein und in der Gesellschaft nicht nur für sich selbst da sein. Ich will überhaupt kein Märtyrertum oder irgendein entsagungsvolles Heldenleben predigen: Aber mich erfüllt es mit echtem Glücksgefühl, wenn ich Menschen treffe, die etwas wirklich um der Sache willen tun – oder für andere. Das Leben wird viel interessanter, wenn man sich mit anderen befasst! Wer nicht nur die eigenen Interessen bedient, fühlt sich unweigerlich besser. Er bewirkt etwas, ist nicht nur ein Rädchen im Getriebe, das von anderen bedient wird. Ich vermute, genau dieses Rädchengefühl ist es, das heute viele Leute unglücklich und unzufrieden macht. Mir ist klar, dass das ökonomische Ambiente für Altruismus im Augenblick nicht besonders günstig ist; es gibt schon eine starke Tendenz des An-sich-selbst-Denkens und auch eine gewisse Herablassung gegenüber traditionellen Formen der Solidarität. Was für ein Blödsinn!

Ich hatte vor zwei Wochen ein Erlebnis, das mir Mut gemacht hat: Mein Mann und ich segelten mit einer Jolle auf dem Wannsee: Es war schauderhaftes Wetter, wir hätten es wahrscheinlich lieber lassen sollen, und natürlich kenterten wir. Wir waren nicht in Lebensgefahr, aber doch in einer sehr misslichen Lage. Binnen Minuten wurden wir von einem Boot der DRK-Wasserwacht gerettet: junge Leute, die am Wochenende freiwillig Dienst tun, Badeaufsicht machen, Kindern schwimmen beibringen und eben glücklosen Seglern helfen. Sie richteten unser Boot auf, pumpten es leer, gaben uns trockene Anziehsachen und warme Suppe. Einer der jungen Männer war Student an der Viadrina und fand es ziemlich lustig, seine triefende Präsidentin aus dem Wasser zu ziehen. Was ich sagen will, ist: Diese jungen Leute bekommen nichts dafür, sie machen ihre Arbeit nicht für Geld, sie tun einfach etwas für andere – und haben Spaß dabei. Sicherlich liegen sie auch gelegentlich auf dem Steg, um braun zu werden. Warum nicht? Wichtig ist: Sie bewirken etwas. Es bedeutet für die Gesellschaft einen Unterschied, ob sie da sind oder nicht. Ich glaube, dass wir unendlich viele Möglichkeiten haben, mit unserem Handeln solche Unterschiede herbeizuführen. Und keiner von den Propheten der modernen Konkurrenzgesellschaft soll mir erzählen, wir seien glücklicher, wenn wir uns nur um uns selbst kümmerten.

Wer sich nicht auf andere Menschen oder auf die faszinierenden Schwierigkeiten einer *Sache,* an die man glaubt, einlässt, dessen Leben führt unweigerlich in die Langeweile eines besinnungslosen Konsumismus. Und Langeweile, das hat Jean-Paul Sartre eindrucksvoll beschrieben, gebiert am Ende Ekel vor dem Leben – schließlich ist sie die höchste und intensivste Form der Sinnlosigkeit. Nur durch Öffnung, durch Zuwendung zu anderen kann man sie vermeiden.

Dazu braucht man allerdings eine bestimmte Einstellung gegenüber den Mitmenschen. Genau wie ich im Geschlechterverhältnis Über- und Unterordnung für schädlich halte, finde ich, dass wir uns abgewöhnen müssen, Menschen mit ihren Fähigkeiten in die Kategorien »besser« und »schlechter« einzuteilen. Sie sind anders, verschieden. Ich glaube an das Evangelium der Talente – und schätze die Geduld der Krankenschwester nicht geringer als die Geduld des Nobelpreisträgers. Deshalb geht mir im bildungspolitischen Diskurs, drastisch gesagt, das Elitegerede so auf die Nerven. Es versteht sich doch von selbst, dass wir Wert auf ausgezeichnete Ausbildung und ebenso ausgezeichnete Leistungen legen. Aber ich möchte jungen Menschen auch eine Haltung vermitteln, die das Besser-schlechter-Denken überwindet: In der Gesellschaft, von der ich mir zu träumen erlaube, ist die gleiche Würde aller Menschen auch für alle erlebbar, dort liebt man den anderen wie sich selbst – und wenn man kann, auch noch Gott.

»Meine« Universität, die Viadrina, ist eine oft gelobte deutsch-polnische Hochschule – aber Internationalität pflegen wir dort nicht nur im Dienste des Marktes und schon gar nicht im Kampf um Konkurrenzvorteile! Es geht uns um die Erfahrung kulturellen Reichtums, um die durchaus mitunter anstrengende Auseinandersetzung mit dem Andersartigen, Fremden – und um den freudigen Schreck, den wir beim Erkennen von Gemeinsamkeiten empfinden, sei es in der Literatur, der Musik, der politischen oder philosophischen Auseinandersetzung. An der Viadrina kann ich für eine vielleicht noch ferne, aber doch konkrete Utopie arbeiten: für Europa. Wenn es uns gelänge, nach all den Kriegen, all dem Leid in unserer Geschichte ein gewaltfreies Zusammenleben möglich zu machen, einen Modus der Konfliktlösung zu finden, der das Leben nicht zerstört, dann wäre dies ein gewaltiger Schritt. Natürlich ist dies ein großer Traum. Doch ich bin nicht die Einzige, die ihn träumt.

Biografische Notiz

Gesine Schwan wurde 1943 als Gesine Schneider in Berlin geboren. Sie stammt aus einer sozial engagierten Familie, die im Nationalsozialismus protestantischen und sozialistischen Widerstandskreisen angehörte.

Im letzten Kriegsjahr versteckten ihre Eltern ein jüdisches Mädchen vor den Nationalsozialisten.

Gesine Schwan studierte Romanistik, Geschichte, Philosophie und Politikwissenschaft in Berlin und Freiburg/Breisgau. Dort lernte sie ihren ersten Mann, den Politikwissenschaftler Alexander Schwan, kennen. Am 17. Juli 1969 heiratete das Paar.

Zur Vorbereitung ihrer Dissertation über den polnischen Philosophen Leszek Kolakowski („Eine Philosophie der Freiheit nach Marx") folgten Studienaufenthalte in Warschau und Krakau, wo sie in Kontakt mit polnischen Dissidenten stand. In dieser Zeit lernte sie Adam Michnik und Bronislaw Geremek kennen, später auch Wladislaw Bartoszewski. Diese Erfahrung prägte Gesine Schwans kritische Haltung zum Kommunismus. 1970 schloss sie ihre Promotion ab.

Ab 1971 war Gesine Schwan Assistenz-Professorin am Fachbereich Politische Wissenschaft der Freien Universität Berlin und habilitierte sich 1975 über die philosophischen und politökonomischen Voraussetzungen der Gesellschaftskritik von Karl Marx. Ab 1977 lehrte sie als Professorin für Politikwissenschaft, insbesondere für politische Theorie und Philosophie, an der Freien Universität Berlin. Forschungsaufenthalte in Washington D.C., Cambrigde und New York folgten. 1992 wurde Gesine Schwan zur Dekanin am Otto-Suhr-Institut gewählt und blieb dies bis 1995.

Schwerpunkte ihrer wissenschaftlichen Arbeit sind Politische Philosophie und Demokratietheorien, in jüngster Zeit auch Fragen der Politischen Psychologie und der Politischen Kultur.

Von Oktober 1999 bis September 2008 war Gesine Schwan Präsidentin der Europa-Universität Viadrina in Frankfurt (Oder). An der 1506 gegründeten, 1811 nach Breslau verlegten und 1991 wieder errichteten Universität studierten 5.500 junge Menschen aus 70 Ländern, rund ein Drittel der Studierenden kam aus Polen.

Gesine Schwan ist Präsidentin und Mitgründerin der im Juni 2014 gegründeten HUMBOLDT-VIADRINA Governance Platform, Berlin.

Gesine Schwan trat 1972 unter dem Eindruck von Willy Brandts Ostpolitik in die SPD ein. Sie war im Seeheimer Kreis in der SPD aktiv, der in den 70er-Jahren neomarxistischen Positionen in der Partei entgegentrat.

Neben ihrer wissenschaftlichen Karriere arbeitete sie in zahlreichen politischen Gremien mit.

Im März 2004 wählten SPD und Bündnis 90/Die Grünen Gesine Schwan zur Kandidatin für das Amt der Bundespräsidentin. Bei der Wahl der Bundesversammlung am 23. Mai 2004 unterlag sie mit 589 zu 604 Stimmen ihrem Gegenkandidaten, Bundespräsident Horst Köhler.

Im Mai 2008 wurde Gesine Schwan erneut durch die SPD für die am 23. Mai 2009 stattfindende Wahl für das Amt der Bundespräsidentin nominiert. Der damalige Amtsinhaber Horst Köhler gewann die Wahl mit 613 Stimmen im ersten Wahlgang.

1989 starb nach langer Krankheit ihr Ehemann Alexander Schwan. Er ließ Gesine Schwan mit ihren beiden Kindern zurück.

2004 heiratet Gesine Schwan zum zweiten Mal. Ihr Mann, Peter Eigen, ist Jurist und war Director der Regional Mission in Eastern Africa der Weltbank. Er ist Gründer der Nichtregierungsorganisation Transparency International, die sich weltweit gegen Korruption engagiert, sowie Vorsitzender von EITI (Extractive Industries Transparency Initiative).

Personen und Begriffe

Personen

Adenauer, Konrad

1876-1967, war von 1949 bis 1963 der erste Bundeskanzler der Bundesrepublik Deutschland und von 1951 bis 1955 zugleich erster Bundesminister des Auswärtigen

Adorno, Theodor Wiesengrund

1903-1969, war ein deutscher Philosoph, Soziologe, Musiktheoretiker und Komponist. Neben Max Horkheimer zählt er zu den Hauptvertretern der als Kritische Theorie bezeichneten Denkrichtung.

Arendt, Hannah

1906-1975, war eine jüdische deutsch-US-amerikanische politische Theoretikerin und Publizistin. Die Entrechtung und Verfolgung von Juden in der Zeit des Nationalsozialismus sowie ihre eigene kurzzeitige ihre eigene kurzzeitige Inhaftierung durch die Gestapo bewogen sie 1933 zur Emigration aus Deutschland.

Bach, Johann Sebastian

1675-1750, war ein deutscher Komponist sowie Orgel- und Klaviervirtuose des Barock. Er gilt heute für Fachleute und Publikum als einer der bekanntesten und bedeutendsten Komponisten und Musiker der Musikgeschichte.

Beck, Kurt

*1949, ist ein deutscher Politiker. Er war von 1994 bis 2013 Ministerpräsident des Landes Rheinland-Pfalz.

Böckle, Franz

1921-1991 war ein römisch-katholischer Moraltheologe.

Brandt, Willy

1913-1992, war von 1969 bis 1974 als Regierungschef einer sozialliberalen Koalition von SPD und FDP der vierte Bundeskanzler der Bundesrepublik Deutschland.

Chrétien de Troyes

1130-1191, war ein französischer Autor. Chrétien gilt als Begründer der Gattung Höfischer Roman und als dessen wichtigster Vertreter in der altfranzösischen Literatur.

Chruschtschow, Nikita

1894-1971, war ein bedeutender sowjetischer Politiker. Von 1953 bis 1964 war er Parteichef der KPdSU, von 1958 bis 1964 außerdem Regierungschef der UdSSR.

Eigen, Peter

*1938, ist ein deutscher Jurist. Er ist Gründer und war Vorsitzender der Nichtregierungsorganisation Transparency International, deren erklärtes Ziel es ist, sich gegen Korruption zu engagieren. Seit 2004 ist er mit Gesine Schwan verheiratet.

Einstein, Albert

1879-1955, war ein theoretischer Physiker. Seine Forschungen zur Struktur von Materie, Raum und Zeit sowie dem Wesen der Gravitation veränderten maßgeblich das physikalische Weltbild.

Eppler, Erhard

*1926, ist ein deutscher Politiker der SPD. Er hatte in den 1970er und 1980er Jahren diverse Führungsämter in der SPD inne und war von 1968 bis 1974 Bundesminister für wirtschaftliche Zusammenarbeit.

Fassbinder, Klara Marie

1890-1974, war eine bedeutende Aktivistin der deutschen Frauen- und Friedensbewegung.

Freud, Sigmund

1856-1939, war ein österreichischer Neurologe, Tiefenpsychologe, Kulturtheoretiker und Religionskritiker. Als Begründer der Psychoanalyse erlangte er weltweite Bekanntheit. Freud gilt als einer der einflussreichsten Denker des 20. Jahrhunderts.

Friedrich, Hugo

1904-1978, war ein deutscher Romanist. Neben seiner Forschung zur klassischen französischen Literatur, die in mehrere Buch-Veröffentlichungen mündete, gilt seine Strukturanalyse der modernen Lyrik als Meilenstein.

Geremek, Bronislaw

1932-2008, war ein polnischer Historiker und Politiker. Von 1997 bis 2000 bekleidete er das Amt des polnischen Außenministers.

Giegold, Sven

*1969, ist ein deutscher Politiker. Giegold ist Mitbegründer von Attac-Deutschland und war beim Aufbau wie auch bei der europäischen Koordination des Netzwerkes einer der prägenden Aktivisten.

Giono, Jean

1895-1970, war ein französischer Schriftsteller, der vor allem in seinen frühen Prosawerken naturreligiöse Vorstellungen vertrat. Unter „zivilisationsmüden" Menschen übten und üben sie beträchtlichen Einfluss aus.

Hegel, Georg Wilhelm Friedrich

1770-1831, war ein deutscher Philosoph, der als wichtigster Vertreter des deutschen Idealismus gilt.

Heinemann, Gustav

1899-1976, war ein deutscher Politiker und der dritte Bundespräsident der Bundesrepublik Deutschland. Von 1946 bis 1949 war er Oberbürgermeister von Essen und von 1949 bis 1950 Bundesminister des Innern.

Hobbes, Thomas

1588-1679, war ein englischer Mathematiker, Staatstheoretiker und Philosoph. Er wurde durch sein Hauptwerk Leviathan bekannt, in dem er eine Theorie des „Absolutismus" entwickelte. Er gilt als Begründer des „aufgeklärten Absolutismus".

Kant, Immanuel

1724-1804, war ein deutscher Philosoph der Aufklärung. Kant zählt zu den bedeutendsten Vertretern der abendländischen Philosophie.

Köhler, Horst

*1943, ist ein deutscher Politiker und Ökonom. Er war der neunte Bundespräsident der Bundesrepublik Deutschland. Das Amt hatte er vom 1. Juli 2004 bis zu seinem Rücktritt am 31. Mai 2010 inne.

Kolakowski, Leszek

1927-2009, war ein polnischer Philosoph, Philosophiehistoriker und Essayist. Er wird vielfach als der prominenteste zeitgenössische polnische Philosoph angesehen.

Lambsdorff, Alexander Graf

*1966, ist ein deutscher Politiker und ist seit 2014 stellvertretender Präsident des Europäischen Parlamentes.

Löwenthal, Richard

1908-1991, war ein deutscher Politikwissenschaftler. 1961 bis 1974 war er als Professor an der Freien Universität Berlin tätig. Er beschäftigte sich mit Problemen der Weltpolitik, der Demokratie, des Kommunismus und der Hochschulpolitik.

Marx, Karl

1818-1883, war ein deutscher Philosoph, Ökonom, Gesellschaftstheoretiker, politischer Journalist, Protagonist der Arbeiterbewegung sowie Kritiker der bürgerlichen Gesellschaft und der Religion.

Merkel, Angela

*1954 ist eine deutsche Politikerin. Von 1991 bis 1994 war Merkel Bundesministerin für Frauen und Jugend im Kabinett Kohl IV und von 1994 bis 1998 Bundesministerin für Umwelt, Naturschutz und Reaktorsicherheit im Kabinett Kohl V. Von 1998 bis 2000 amtierte sie als Generalsekretärin der CDU. Seit April 2000 ist sie Bundesvorsitzende der CDU und seit dem 22. November 2005, mittlerweile in der dritten Amtsperiode, als Oberhaupt von unterschiedlich zusammengesetzten Koalitionsregierungen deutsche Bundeskanzlerin. Sie ist die erste Frau und zugleich die achte Person in der Geschichte der Bundesrepublik, die dieses Amt innehat.

Münterfering, Franz

*1940, ist ein deutscher Politiker. Von 1998 bis 1999 war er Bundesminister für Verkehr, Bau- und Wohnungswesen. Von 2005 bis 2007 war Müntefering Vizekanzler und Bundesminister für Arbeit und Soziales im ersten Kabinett von Angela Merkel.

Poelchau, Harald

1903-1972, war ein deutscher Gefängnispfarrer, religiöser Sozialist und Widerstandskämpfer gegen den Nationalsozialismus.

Rau, Johannes

1931-2006, war ein deutscher Politiker und von 1999 bis 2004 der achte Bundespräsident der Bundesrepublik Deutschland. Zuvor war er Kommunal-, Landes- und Bundespolitiker der SPD.

Samaras, Antonis

*1951, ist ein griechischer Politiker. Er war zwischen 2009 und Juli 2015 Vorsitzender der konservativen Partei Nea Dimokratia. Zudem war er vom 20. Juni 2012 bis zum 26. Januar 2015 Premierminister Griechenlands.

Sartre, Jean-Paul

1905-1980, war ein französischer Romancier, Dramatiker, Philosoph und Publizist. Er gilt als Vordenker und Hauptvertreter des Existentialismus und als Paradefigur der französischen Intellektuellen des 20. Jahrhunderts.

Schäuble, Wolfgang

*1942, ist ein deutscher Politiker der CDU. Er ist seit 1972 Mitglied des Bundestages und damit der diensthälteste Abgeordnete in der Geschichte der Bundesrepublik Deutschland. Seit 2009 ist er Bundesminister der Finanzen.

Schick, Gerhard

*1972 MdB, ist ein deutscher Politiker (Die Grünen).

Schröder, Gerhard

*1944, ist ein deutscher Rechtsanwalt, Lobbyist und ehemaliger Politiker der SPD. Er war von 1990 bis 1998 niedersächsischer Ministerpräsident sowie von Oktober 1998 bis November 2005 der siebte Bundeskanzler der Bundesrepublik Deutschland. Von 1999 bis 2004 war er zudem Vorsitzender der SPD.

Schwan, Alexander

1931-1989, war ein deutscher Politikwissenschaftler. Er war der erste Mann von Gesine Schwan.

Tsipras, Alexis

*1974, ist ein griechischer Politiker. Er ist der Vorsitzende der linken Partei SYRIZA und seit dem 26. Januar 2015 griechischer Ministerpräsident.

Varoufakis, Yanis

*1961, ist ein griechischer Wirtschaftswissenschaftler, der auch die australische Staatsangehörigkeit besitzt. Er ist Verfasser mehrerer Sachbücher und aktiver Blogger. 2015 war er kurzzeitig griechischer Finanzminister im Kabinett von Alexis Tsipras.

Weber, Max

1864-1920, war ein deutscher Soziologe, Jurist und Nationalökonom.

Weischedel, Wilhelm

1905-1975, war ein deutscher Philosoph und Professor an der Freien Universität Berlin.

Weizsäcker, Richard Karl Freiherr von

1920-2015, war ein deutscher Politiker. Er war von 1981 bis 1984 Regierender Bürgermeister von Berlin und von 1984 bis 1994 der sechste Bundespräsident der Bundesrepublik Deutschland.

Begriffe

Austeritätspolitik

Austerität bedeutet „Disziplin", „Entbehrung" oder „Sparsamkeit". Es wird heute vor allem in ökonomischen Zusammenhängen gebraucht und bezeichnet dann eine staatliche Haushaltspolitik, die einen ausgeglichenen Staatshaushalt über den Konjunkturzyklus ohne Neuverschuldung anstrebt.

Boko Haram

ist eine islamistische terroristische Sie setzt sich für die Einführung der Scharia in ganz Nigeria und das Verbot westlicher Bildung ein;

Federalist Papers

Die Federalist Papers (dt.: „Föderalistenartikel") waren eine Serie von 85 Artikeln, die 1787/88 in verschiedenen Zeitungen New Yorks erschienen, mit dem Zweck, die Bevölkerung des gleichnamigen Staats von der 1787 entworfenen, aber noch nicht von allen Mitgliedsstaaten der USA ratifizierten Verfassung zu überzeugen.

Friedrich-Ebert-Stiftung

Die Friedrich-Ebert-Stiftung der SPD ist eine gemeinnützige, private, kulturelle Institution die den Ideen und Grundwerten der sozialen Demokratie verpflichtet ist.

GVP

Die Gesamtdeutsche Volkspartei (Kurzbezeichnung: GVP) war eine Partei in der Bundesrepublik Deutschland, die die Westintegration, wie sie vom christdemokratischen Bundeskanzler Konrad Adenauer angestrebt worden war, ablehnte. Die Partei wurde 1952 gegründet, löste sich aber mangels Wahlerfolgen 1957 wieder auf. Viele Mitglieder schlossen sich der SPD an, darunter der einflussreichste Sprecher, Gustav Heinemann, ebenso wie Johannes Rau, beides spätere Bundespräsidenten.

ILO

Die Internationale Arbeitsorganisation (ILO) ist eine Sonderorganisation der Vereinten Nationen mit Hauptsitz in Genf. Sie ist zuständig für die Formulierung und Durchsetzung internationaler Arbeits- und Sozialstandards. Die weltweit geltenden Mindeststandards sollen die Rechte bei der Arbeit und damit menschenwürdige Arbeit für alle Menschen auf der Welt sicherstellen.

IS

Der „Islamische Staat" (IS), bis Juni 2014 „Islamischer Staat im Irak und in Syrien" (ISIS), ist eine seit 2003 aktive kriminelle und terroristische Vereinigung mit zehntausenden Mitgliedern, die derzeit große Gebiete im Irak und in Syrien und kleinere Gebiete in Libyen beherrscht.

Kategorischer Imperativ

Der kategorische Imperativ lautet in seiner Grundform: *„Handle nur nach derjenigen Maxime, durch die du zugleich wollen kannst, dass sie ein allgemeines Gesetz werde."* Er ist im System Immanuel Kants das grundlegende Prinzip der Ethik. Er gebietet allen endlichen vernunftbegabten Wesen

und damit allen Menschen, ihre Handlungen darauf zu prüfen, ob sie einer für alle, jederzeit und ohne Ausnahme geltenden Maxime folgen und ob dabei das Recht aller betroffenen
Menschen, auch als Selbstzweck, also nicht als bloßes Mittel
zu einem anderen Zweck behandelt zu werden, berücksichtigt
wird. Der Begriff wird in Kants *Grundlegung zur Metaphysik
der Sitten* vorgestellt und in der Kritik der praktischen Vernunft ausführlich entwickelt.

OECD

Das Ziel der Organisation für wirtschaftliche Zusammenarbeit und Entwicklung (OECD) ist es, eine Politik zu befördern, die das Leben der Menschen weltweit in wirtschaftlicher
und sozialer Hinsicht verbessert.

PASOK

Die Panellinio Sosialistiko Kinima (Panhellenische (= gesamt-
griechische) Sozialistische Bewegung'), kurz PASOK, ist eine
sozialdemokratische Partei in Griechenland. Sie ist Teil der
Sozialdemokratischen Partei Europas und darüber hinaus
Mitglied der Sozialistischen Internationale.
Aufgrund der Eurokrise musste sie schwere Wahlverluste hinnehmen und verlor den Status als Volkspartei.

PEGIDA

Als Patriotische Europäer gegen die Islamisierung des Abend-
landes (PEGIDA) bezeichnet sich eine Organisation, die seit
dem 20. Oktober 2014 in Dresden wöchentliche Demonstrationen gegen eine von ihr behauptete Islamisierung und eine
aus ihrer Sicht verfehlte Einwanderungs- und Asylpolitik
Deutschlands und Europas veranstaltet. Ähnliche, deutlich
kleinere Demonstrationen finden in weiteren Städten statt.
Wissenschaftler, Politiker, Vertreter von Religionsgemeinschaf-

ten und weiteren Organisationen warnen vor Fremdenfeind-
lichkeit, teilweise vor Rassismus, die von diesen Demonstrationen ausgehen würden. Länderverfassungsschutzbehörden
weisen auf rechtsextreme Tendenzen bei einigen Ablegern von
Pegida hin. Zeitgleich zu den Pegida-Demonstrationen finden
Gegendemonstrationen statt. Ob mit Pegidas Organisatoren
und Teilnehmern ein Dialog geführt werden kann und soll,
wurde kontrovers diskutiert.

SA

Die Sturmabteilung (SA) war die paramilitärische Kampf-
organisation der NSDAP während der Weimarer Republik
und spielte als *Ordnertruppe* eine entscheidende Rolle beim
Aufstieg der Nationalsozialisten, indem sie deren Versamm-
lungen vor Gruppen politischer Gegner mit Gewalt abschirm-
te oder gegnerische Veranstaltungen massiv behinderte.
Nach der Machtübernahme der NSDAP wurde die SA von
Hermann Göring, dem Reichskommissar für das preußische
Innenministerium und damit Dienstherr der preußischen Po-
lizei, kurzzeitig auch als staatliche „Hilfspolizei" eingesetzt.
Nachdem Mitte 1934 SS-Einheiten die SA-Führungsspitze er-
mordet hatten, verlor sie in der weiteren Zeit des Nationalsozialismus sehr stark an Bedeutung.

Seeheimer Kreis

Die Seeheimer in der SPD *(Seeheimer Kreis)* sind ein Zusammenschluss von Bundestagsabgeordneten der SPD. Sie sind
neben der Parlamentarischen Linken und dem Netzwerk Berlin eine der drei politischen Strömungen innerhalb der SPD-
Bundestagsfraktion. Die *Seeheimer* selbst nennen sich undog-
matisch und pragmatisch, in der politischen Berichterstattung
werden sie zumeist als *rechter* oder *konservativer Flügel* der
SPD-Fraktion bezeichnet.

Der Kreis hat sich nach seinem langjährigen Tagungsort Seeheim an der Bergstraße (Südhessen) benannt.

Shoppen & Ficken

ist ein englisches Theaterstück, das Ende der neunziger Jahre auch in Deutschland Aufsehen erregt hat. Mark, Robbie und Lulu schlagen sich mit Gelegenheitsjobs durch, sitzen herum, werfen Drogen, feiern Partys – ein Kreislauf aus Fun und Apathie, sich Aufraffen und Scheitern. Dann entscheidet sich Mark, auszusteigen und ein geordneteres Leben zu beginnen, verliebt sich dabei aber in Gary, einen jungen Stricher, was zu neuem Gefühlschaos führt. Ein Besuch der zwei bei Robbie und Lulu, die ihrerseits bis zum Hals in Schwierigkeiten stecken, verwickelt sie in ein Psycho-Spiel, aus dem beinah tödlicher Ernst wird. Das Stück ist ein lakonisch-provozierendes Porträt der „Generation E(cstasy)".

Theodizee

(von altgriechisch θεός theós ‚Gott' und δίκη díkē ‚Gerechtigkeit') heißt „Gerechtigkeit Gottes" oder „Rechtfertigung Gottes". Gemeint sind verschiedene Antwortversuche auf die Frage, wie das Leiden in der Welt vor dem Hintergrund zu erklären sei, dass Gott einerseits allmächtig, andererseits gut sei. Konkret geht es um die Frage, warum Gott das Leiden zulässt, wenn er doch die Potenz („Allmacht") und den Willen („Güte") besitzen müsste, das Leiden zu verhindern. Der Begriff „Theodizee" geht auf den Philosophen und frühen Aufklärer Gottfried Wilhelm Leibniz zurück.

Textnachweise

Seite 48-49:

Christlicher Pfingsthymnus, *Veni creator spiritus,* Hrabanus Maurus († 856) zugeschrieben. Deutscher Text von Friedrich Dörr, © Friedrich Dörr Rechtenachfolge. In: Gotteslob, S. 414/ 415, Katholische Bibelanstalt Stuttgart, 2013

Seite 63-64:

Immanuel Kant, § 40. *Vom Geschmacke als einer Art von sensus communis.* In: *Werke in zehn Bänden.* Herausgegeben von Wilhelm Weischedel. *Band 8: Kritik der Urteilskraft und Schriften zur Naturphilosophie.* Sonderausgabe, Wissenschaftliche Buchgesellschaft, Darmstadt 1983, S. 390f.

Seite 81-97:

Gesine Schwan, *Über die Freude an Europa. Weimarer Rede März 2012.* © Gesine Schwan

Seite 128:

Buch Ijob, Altes Testament, 42, 12-17, In: *Die Bibel,* Einheitsübersetzung, Stuttgart 1980

Seite 141-143:

Hannah Arendt, *Macht und Gewalt,* © 1970 Piper Verlag GmbH, München

Seite 150:

Teresa von Avila, zitiert nach: *Gebete großer Persönlichkeiten*. Zusammengestellt und herausgegeben von Christian von Kamp. e-Book, Düsseldorf 2015, S. 27-28

Seite 156-160:

Susanne Gaschke, *Ich habe einen Traum: Gesine Schwan.* Aus: ZEITmagazin, 34/2006

EIN RADIKAL MUTIGES LEBEN

Michael Albus
Man muss etwas riskieren
Rupert Neudeck – Menschlichkeit ohne Kompromisse

144 S., Paperback
ISBN 978-3-532-62474-6

Radikal lebt Rupert Neudeck uns vor, was er unter Engagement für eine gerechtere Welt versteht, im Zuge der derzeitigen Flüchtlingssituation aktueller denn je: Seit über 35 Jahren riskiert er in Krisengebieten in aller Welt sein Leben, um Menschen in Not zu helfen. Weltweit bekannt wurde er, als er mit der Gründung des Komitees Cap Anamur/Deutsche Notärzte e.V. tausende vietnamesische Flüchtlinge vor dem Ertrinken rettete. Mit den ebenfalls von ihm gegründeten Grünhelmen baut er Schulen, Solaranlagen und Krankenhäuser. Wer ist dieser Mensch, der sich so unermüdlich für andere einsetzt? Ein bewegendes und überraschend persönliches Porträt!

www.claudius.de